文 萃 集

（第三册）

打着腰鼓扭起来
——北朱村舞蹈腰鼓

张咸贞 著

中州古籍出版社

序　言

　　"兴酣落笔摇五岳，诗成笑傲凌沧洲。"这是李白《江上吟》中的千古佳句，也可视为对焦作市中站区北朱村舞蹈腰鼓言简意赅的概括。

　　中站悠久的历史，积淀了丰厚的民间艺术。北朱村的舞蹈腰鼓，便是博大精深民间文艺殿堂中的一朵奇葩。历经了260多年的风雨沧桑洗礼，愈发出落得超凡脱俗，光彩照人！在文化强国的今天，把它展示于世人面前，一是报答无私传承北朱村舞蹈腰鼓的贤能先辈，二是为初学舞蹈腰鼓的爱好者提供一部翔实、系统的教材。

　　舞蹈腰鼓的始发，演绎着一段深厚的叔嫂之情。它本身就是一首美妙的情谊赞歌。

　　相传，清代乾隆年间，北朱村北平布政使张昺之远世裔孙张毓美膝下四子。长子媳妇李氏尤为贤惠，特别关心年纪幼小的四弟。她的这个四弟自幼饭量惊人，因人长得瘦绰号"张瘦"叫了开来。后来天灾不断，他饿得逮着街上跑的禽畜生吞活剥吃掉！邻居们纷纷上门找其父母索赔，其父母就想除掉他。先是让他到离村两三里外、狼虫虎豹经常出没的东北地种瓜。结果非但未被伤害，还种出了又大又甜的西瓜！

　　之后的一个黎明，老两口在内室商议用鼠药毒死张瘦，恰被起来为全家人做早饭的李氏听见，她助小弟逃出家门。张瘦茫然地到处流浪，后被怀庆知府收留，让他学文习武，效力军前屡建战功，官职逐渐晋升至御前侍卫长。京城人不知张瘦其名，大号张广泗威名远扬！

　　血性男儿张瘦知恩图报，到京城做官后常有书信、钱物寄予长嫂。当其长嫂得知四弟要护乾隆帝大驾朝月山时，就组建了腰鼓队，请人教习舞蹈腰鼓。闻讯乾隆朝月山的日子，北朱村舞蹈腰鼓队乘坐马车前往。虽只在月山寺门前打了一场，但这支腰鼓队从此声名大震！

　　北朱村舞蹈腰鼓伴随着时代的步伐一路走来，早已成为社会活动、重大庆典及老百姓喜闻乐见的传统民间文艺节目。它的美誉传遍焦作市城乡、社区、公园、学校，影响巨大而又广泛！2008年之后的历年春节，这支腰鼓队在全市"优秀民间文艺节目展演"中连年获奖！

2013年6月，北朱村舞蹈腰鼓被列入"焦作市第四批非物质文化遗产名录"。

2014年更是喜事连连。"河南省第十二届运动会暨全民健身大会"在焦作市举办。这支腰鼓队先是在5月9日，打响了河南省第十二届运动会在旅游胜地云台山门前广场举办的启动仪式；9月19日，又拉开了省第十二届运动会在焦作市太极馆体育中心举办的开幕式暨全民健身大会序幕。这年冬天，又积极申报河南省非遗项目名录。

北朱村舞蹈腰鼓的美妙动人，中站区文化体育广播新闻出版局早有耳闻，并让她多次代表中站区到市里展演。如今，中站区城乡、学校已逾千人在打舞蹈腰鼓。欢快的鼓点，敲击着人们和谐幸福的音符，提升着老百姓业余文化生活的品位，传递着全民实现小康社会"中国梦"的文化自信正能量！

这路舞蹈腰鼓，不仅阵容宏大，还融体育、舞蹈、腰鼓于一体。不仅由浅入深、易学易记，还老少皆宜：上到七八十岁的老人，下至青壮年、幼儿也很喜欢。经常习练，不仅提高了舞蹈档次，还可以强身健体、提升团队协作能力、拓宽人际关系……总之，多利而无一弊！劝君不妨一试，活跃您的文化生活。

忠烈公张禹二十一世裔孙女　咸贞
2014年8月

目 录

第一章　北朱村舞蹈腰鼓发展史话……………………………………1
　　火红的当今……………………………………………………………1
　　广阔的前景……………………………………………………………3
　　离奇的创始……………………………………………………………4
　　艰难的传承……………………………………………………………6
　　省十二运会记事………………………………………………………9
　　　　北朱村加紧腰鼓训练……………………………………………9
　　　　俺村腰鼓打上了省运会开幕式…………………………………10
　　　　部长和我握手……………………………………………………11
　　参加省十二运会开幕式表演…………………………………………12
　　西王封给力……………………………………………………………13
　　北朱村重视……………………………………………………………15
　　传承人谱系……………………………………………………………16
　　舞蹈腰鼓简介…………………………………………………………17
第二章　舞蹈腰鼓队员须知……………………………………………19
第三章　舞蹈腰鼓的预备动作…………………………………………20
第四章　舞蹈腰鼓的基本打法…………………………………………21
　　小数点的作用　鼓谱　打法　提示　技巧…………………………21
　　路鼓的作用　鼓谱　打法　脚步　技巧……………………………22
　　欢乐开场　鼓镲和鸣…………………………………………………23
　　入场仪式　鼓谱　动作　技巧………………………………………24
第五章　各段花样的名称　鼓谱　动作　要领　说明………………25
　　第一段　传统秀………………………………………………………25
　　第二段　四季花………………………………………………………32

1

第三段　路十条·················36
　　第四段　欢乐踏·················41
　　第五段　综合打·················44
　　第六段　礼仪全·················48
　　第七段　组合套路（一）···········52
　　第八段　组合套路（二）···········53
　　第九段　组合套路（三）···········54
　　第十段　组合套路（四）···········55
　　十一段　组合套路（五）···········55
　　十二段　组合套路（六）···········56
　　有关事项·······················57
第六章　清代舞蹈腰鼓的大战鼓领打·····60
第七章　盘鼓、高跷、腰鼓三重奏·······61
第八章　太极腰鼓···················63
后　　记···························70

北朱村舞蹈腰鼓第六代传承人　张咸贞

第一章　北朱村舞蹈腰鼓发展史话

历经了260多个春秋的岁月洗礼，演绎出了北朱村舞蹈腰鼓曲折离奇的发展史，说来真是五味杂陈。那么，还是让我们先来介绍一下振奋人心的火红当今吧——

火红的当今

北朱村舞蹈腰鼓，当今呈现出喜事连连的火红局面。眼下，仅中站区就有一两千人在打这路腰鼓！在焦作，一提起中站区北朱村舞蹈腰鼓，看过演出的人们不是夸赞，就是竖起大拇指褒扬！

2012年的中国非物质文化遗产日，已经历时五年"中站区非遗项目"的北朱村舞蹈腰鼓，顺利晋级"焦作市第四批非物质文化遗产名录项目"。

2014年"焦作市春节优秀民间文艺节目展演"，西王封村妇女队和北朱村小学生队的200多名队员，在市东方红广场联合演出，荣获一等奖。

同年4月17日上午，北朱村、王封妇女舞蹈腰鼓联队联合，打上了"中站区第四届运动会暨第三届职工运动会"。偌大的许衡广场，被500多名腰鼓队员在四周围了起来。台上、台下同步演出的欢快鼓点，拉开了运动会帷幕。市体育局副局长宋国宪、区五大班子领导出席开幕式；来自全区各办事处、区直各部门、辖区各企业的59支代表队的千余名运动员参加了角逐。无论是领导还是运动员，都不约而同地夸赞：这腰鼓打得真好，气势真大！

在之后的5月9日，西王封与北朱村舞蹈腰鼓联队的欢快鼓点，又拉开了"河南省首届全民健身大会社会组登山比赛暨省全民健身月启动仪式"序幕！在世界地质公园云台山门前的广场上，百余名舞蹈腰鼓队员的精彩演出，赢得了阵阵掌声，吸引了众多摄影师与媒体的兴奋抓拍！引发了与会省领导的兴趣与夸赞！一位50多岁的省领导，笑着了解这支腰鼓队详细情况后很是惊奇："恁这路腰鼓真有千余名队员？"当我们回答"是"时，那位领导问："您可愿意到省运会开幕式上去打吗？"腰鼓队员们兴奋得大声回答："愿意、愿意——"

随着省十二运会的倒计时，北朱村舞蹈腰鼓队加紧训练，准备在焦作体育馆的开幕式上大显身手，为省十二运会助威增彩！

所有的这些喜事，都是因为这路腰鼓打得好，才使得它获得荣誉，闪耀辉煌，大放异彩！

2013年春节，在全市"优秀民间文艺节目展演"前，西王封村中年妇女舞蹈腰鼓队员们不畏严寒，顽强训练，打出了这路腰鼓的精、气、神。所以，能够在连年获奖的基础上，2014年又夺得了全市一等奖！

盛世喜事多，北朱村舞蹈腰鼓得以广泛传播、大力发展、遍地开花，呈现出前所未有的大好局面。欲让北朱村舞蹈腰鼓焕发青春、再创佳绩。还要做大做强北朱村舞蹈腰鼓产业，将其推向更为广阔的社会平台，让它在文化强国、强区中发挥应有的作用。

广阔的前景

北朱村舞蹈腰鼓当今呈现出火红的局面,仅是良好的开端,还有待于继续努力、开拓进取。相信它在中站文化强区战略的全盘棋上,将是一颗耀眼的棋子。

当前,中站区舞蹈腰鼓大军已经浩浩荡荡:除了西王封村40多名中年妇女、北朱村400多名妇女和逾百人的小学生腰鼓队之外,许衡办事处的大村落也都有腰鼓队员。看到农村腰鼓这么火红,区市居民们忍不住了:云台、春晓、和美、和顺小区的妇女们,也都欣然远足到王封学打腰鼓。看到这些腰鼓队员发自内心的积极性,第六代传承人的我干脆成立了"王封联队"。如今,除了农忙季节、雨雪天气之外,下午和夜幕降临,整个中站地区欢快的鼓镲声遥相呼应,合奏着当今城乡百姓生活的和谐乐章,推进着国民文化品位、整体素质的提高,呈现出非物质文化遗产承前启后、继往开来的大好形势。

就目前情况看,北朱村舞蹈腰鼓已经敲遍焦作市的城乡、社区、学校与公园练功点。它的广泛普及,得益于这路腰鼓舞蹈档次上乘,结构完整,打法由浅入深,气势恢宏壮观。所以,它深受广大民众青睐,慕名上门求教者日众——这是北朱村舞蹈腰鼓植根于老百姓心中的鲜活生命力。

所有这些,都是广泛传承的良好基础、有利条件。不久的将来,北朱村舞蹈腰鼓还要更加发扬光大,让更多的人都喜爱这路精品腰鼓!

此书仅是做大、做强舞蹈腰鼓产业的前期工作。书中的鼓谱,有助于初学者习练。下一步还将录制教学光盘,通过网络传授给更多的舞蹈腰鼓爱好者。让我们家乡的腰鼓活跃在焦作城乡,放飞到国内国外!

北朱村舞蹈腰鼓前景可观。让我们为之付出不懈的努力,去拓展、延伸它的精髓吧!

离奇的创始

北朱村舞蹈腰鼓，说来历史久远，话题也长。据第五代传承人张明玉先生介绍，创始非常离奇。

据说，舞蹈腰鼓源于北朱村。是清代该村的一位妇人，精心组建、致力培养、正规训练了这支舞蹈腰鼓队，想要奉献给朝月山的乾隆皇帝观赏。

封建社会里的一位农村妇人，为何能与皇上扯上关系？这话还得从头说起。

相传，这位妇人姓李，是明代建文年间北平布政使张昺后裔张毓美之长子媳。她的丈夫在家排行为长，下有三位弟弟，小弟幼时饭量甚是惊人。据说，每顿饭能吃斗米斗面！尽管他们家吃穿不愁，但食量过大的他却很难填饱肚子。所以，身材长得细瘦，人称"张瘦"。后来遭受蝗旱灾害，家里吃饭成了问题，他就更是饥肠辘辘。当时比较富裕的人家养的畜禽，有时会跑到街上。张瘦只要看到，就逮着活鸡、生猪仔等立即拔去羽毛、拧掉头颅、揭撕皮毛，血淋淋地生着吃掉，食相甚是令人震惊！街坊邻居开始碍于脸面，不好意思找张瘦的父母。但在那种荒年饿月，养殖实在是不易。次数多了，邻居们就不断找到张瘦家中，要求其父母赔偿被他生吞活剥畜禽的损失。那年月人都难以果腹，张瘦家养的畜禽哪会够赔偿？没办法，只有赔人家粮食。赔得多了，他的爹娘甚是心疼，就想除掉经常惹是生非的张瘦。

张瘦爹娘想除掉他的第一条毒计，就是让他到距离村东北两三里的地里去种西瓜。

那年月天旱，他们家的二亩薄田在涟深河西沿上。按说，上等好地才能种西瓜，但其父母为的是除掉他，并不打算收获多少西瓜。这条涟深河宽达数十丈，深也有好几丈，应该算是条大河，但因是季节性河流，河内不常有水，所以，也不显得它有多大。但是，环境却非常瘆人：一般不涨水时，狼、豹等野兽就住在河底的土洞里，有时早晚会上岸伤人。张瘦打小就无所畏惧，当爹娘让他到东北地去种西瓜时，他爽快地答应了。

张瘦力大无比，甚是勤快。春季安上（俗语，意为种植）西瓜之后，只要河里有水，他就双手提桶到河里去打。那地方人迹罕至，野兽的粪便到处都是。苗出来之后，他拾了兽粪上西瓜苗。开花结瓜之后，为了防止被偷，他干脆就在瓜田边搭了个看瓜棚子。除了早晚回家吃饭，其他时间都在地里。

他每天早上醒来，就走出看瓜棚开始忙活。除草、松土、提水浇瓜等忙个不停。一直干到日上三竿，才回家吃早饭。后来，他父母听说狼又在东北地伤了人，一大早就出门到东北地去看。当他们走到离西瓜地没多远时，看到自家的看瓜棚旁，卧着一只硕大的黑狸虎！他们霎时心想：小儿子肯定已经惨遭不幸，不由自主地掉下了眼泪。为防止被虎所伤，他们不敢近前，哭着回到了家里。他们正在后悔不该把儿子赶到远地去喂野兽时，一个声音把他们吓了一跳："爹、娘，尝尝俺种的西瓜！"老两口抬头看时，只见小儿子怀中搂了两个大西瓜！等到他们回过神儿来，心里着实后怕：原来，这是个犯星象的东西，怪不得生吞活剥畜禽呢！难怪大家都说他是阎王殿里的厉鬼转世，是专门害人的妖精，是来世上惹是生非、败家的！必须尽快除掉他！

　　种瓜计策不成，便又生一计。之后的一个黎明时分，张瘦的大嫂李氏起来为全家做野菜汤。她出了自己的房门，走到公婆窗下，突然听到老两口正在商议要用老鼠药毒死张瘦，心里着实害怕！早饭后，她公公真的去买了老鼠药。等到张瘦回家吃饭，全家人都已吃过。大嫂眼含热泪悄悄告了密，并说："小弟，你赶快逃命去吧，晚饭也别回来吃。明儿天不亮你就回来，趁着父母还没起床，我给你多烙些菜饼……"

　　次日拂晓时分，张瘦带着一大袋子菜饼，含泪告别大嫂，一直往西边逃命而去。他靠打零工饥一顿、饱一顿地东奔西跑流浪着。直到隆冬时节，才被怀庆府（地址在今沁阳市）府尹李大人收留。因见他力大无比，又很有正义感，府尹先是将独生女儿许配给他，然后又聘得名师，教他学文习武，要彻底改变他的命运。张瘦不负老泰山期望，在军前效力屡立战功，不断升职。再后来，他的事迹上报朝廷后，乾隆皇帝很是赏识，将他调入京师。由于武功高强和善于统兵，官职逐渐晋升为御前侍卫长。公务安排妥当后，他便将李大人全家接入京师。张瘦是个有恩必报之人，得势之后，常有书信、银两寄给大嫂。

　　一次，当大嫂在家书中得知，四弟要亲自护卫乾隆帝朝月山时，先是高兴了一宿，然后，就盘算着怎么帮四弟这个忙。想好之后，她就拿出四弟往日寄给的银两，托人帮忙，几经周折终于聘请了舞蹈腰鼓教练，到北朱村教习。封建社会里的大姑娘、小媳妇，都以脚小为美，从小就被家长强行将脚面绑到了脚底下。虽然缩短了脚的长度，但是脚却残废了，变得肩不能挑，脚不能蹦。当时的家长思想都很保守、封建，生怕自家女孩儿出门跑疯了。所以，一般女子从小足不出户。为了发动腰鼓队员，李氏想了个好办法：按照出勤发给补助。这个办法很是灵验。那时候的女子绝大部分需要男人们养活，好不容易有个挣钱的机会，哪里舍得放弃？很快，李氏就组建起了40多人的腰鼓队。

在李氏的鼓励下，大姑娘、小媳妇都舍得吃苦；再说了，舞蹈腰鼓是个全新的集体表演，大家走出家门就觉得自由了许多，学会了打腰鼓就更是振奋！就这样，这支舞蹈腰鼓队训练成功了。

李氏又接到四弟的家书，得知了乾隆帝朝月山的具体时间。于是，李氏就租赁了四辆马车，拉着这些缠着小脚的女子舞蹈腰鼓队前往月山寺。好在月山寺离北朱村只有二三十里路，不算远。她们天还未明就上了路，早饭后就到了月山寺。当时，许多人都知道乾隆帝要朝拜月山寺的事，都从四面八方汇聚到了月山寺门前。

那日，月山寺门外被围得水泄不通，门卫谁都不让进寺。无奈，北朱村女子舞蹈腰鼓队只好在月山寺门前的平地上打了一场。观众们可是大开眼界，掌声阵阵，叫好声不绝于耳！从此，北朱村舞蹈腰鼓队声名大震，成了远近老百姓喜闻乐见的民间文艺！

之后逢年过节、盛大庆典时，北朱村舞蹈腰鼓队总是应邀出演。一段创始佳话口碑相传至今……

艰难的传承

说起传承舞蹈腰鼓的艰辛，实在令人难以忘怀。忆往昔蹉跎岁月，止不住热泪盈眶！我从小就特别喜欢看打腰鼓，9岁就硬是跟着大姑娘队员们学打这路舞蹈腰鼓。每次打腰鼓，我都觉得心里特甜蜜。尽管那时我人小力薄，背着个大腰鼓很是吃力，但我顽强苦练，练就了比青年队员手法还要灵活的"童子功"。是舞蹈腰鼓扮靓了我60余载的多彩人生。

回忆起我跟着北朱村舞蹈腰鼓第五代传承人张明玉先生学习腰鼓的往事，敬佩感激之情涌上心头！先生长我两个辈分，所以见了面总是叫"爷"。爷系统地教我舞蹈腰鼓，是在国家连续三年经济困难、人们整天忍饥挨饿的1960年春节后开始的。当时，初中生的我已经回到本村小学教书。虽然饿得少气无力，但一听到打腰鼓就来了精神，真是情有独钟！有时打完腰鼓背着鼓回家，母亲就含泪劝阻："我的妞儿呀，饿死人在眼前，许多人都饿得浮肿，保住性命要紧，还打啥腰鼓？"我听后淡然一笑作答："打腰鼓能够让我忘了肚子饿！再说了，这路舞蹈腰鼓从清代乾隆年间一直流传到现在，张明玉老爷爷正是看我执着，才破了'传子不传花'的老规矩教我的，咋敢不珍惜？"

娘拿我没辙，只好由着我继续打腰鼓。

那时候学腰鼓的艰苦，是今人难以想象的：白天教学没时间，晚9点忙完学校公事以后，才能到村外的打麦场上去学。因为，当时国家已经下达了"百日休整"红头文件，目的是保存体力，保护生命；再说了，饥肠辘辘的人们不愿听到声响，饿着肚子黑睡大明起，才能少受饥饿的折磨。我和传承人都实在不忍心打扰饥荒中的乡邻。后来时间长了，村人们得知后私下里议论："真是爷爷疯，孙女儿傻，一对儿神经病！"现在想起来仍觉得可笑！

俺爷儿俩在村西的打麦场上度过了春、夏、秋、冬四个季度的教与学。直到寒风刺骨的隆冬时节，我才原滋原味儿地学完了整套的12段、122节的舞蹈腰鼓。我本来就瘦如豆芽型的身材，1米7的个子竟只剩下80斤体重！明玉爷爷那时年事已高，饿得腿都浮肿了！但为了传续北朱村张氏的这路舞蹈腰鼓，爷教得到位，我学得专心，还记录了一大本的学习笔记！哪怕有稍微的闲暇，我的脑子里就想起了腰鼓，手和脚就会下意识地比画起来。

舞蹈腰鼓融入了我的生命，伴随着我的足迹渐走渐远。

北朱村舞蹈腰鼓随着我的出阁、工作调动，先后被带到了西王封、东冯封、跃进路等村街学校。1990年隆冬时节，我还应邀深入太行山中的河口村，将这路腰鼓的前两段传授给了河口村的姑娘队。

"文化大革命"开始时，把腰鼓打入了"四旧"之列，我郁闷得背起个没被"破四旧""革命行动"烧完的烂腰鼓，关起门来在家里"偷"打。爹娘夸我打得好，儿女们争着跟我学，我开心极了！

粉碎"四人帮"后的1977年冬，我到西王封学校任负责人，组建了西王封学校的学生腰鼓队。中断了多年的腰鼓声，重新响起很是新鲜，远近十里八庄的热心观众竟循声而来，撵着观看！

岁月如梭，不觉已经退休。从1993年起，我又将这路腰鼓教给了自己开办的小学、幼儿园的孩子们。幼儿园的腰鼓队取名"花朵队"。每当"花朵队"出演，家长们宁愿休班，也要跟着孩子巡回演出；一些有车的家长，还义务出车，拉着小队员们到附近的工厂、农村、办事处和区市演出。

每逢大年初三到中站区演出，1300米长、四车道的跃进路大街，被观众们挤得水泄不通，大家争相跟着观看。为了保证孩子们的安全，多名警察前后护卫。阵阵掌声、加油声不绝于耳！

随着年龄的增长，学校和幼儿园停办。8年来我有了充裕的时间，又把这路腰鼓传给了西王封的中年妇女、市老干部大学的老年朋友和市里都市花园社区的退休女士们。这路腰鼓老少皆宜，我收获了大家打腰鼓强身健体、增进友谊的快乐，以及培养教练员20多名、队员2000余众，"遍地开花"的"丰收"喜悦！近些年来，我又把舞蹈腰鼓奉还给了娘家，培养出北朱村学校师生腰鼓队员130余名、中年妇女腰鼓队员400多名。北朱村村委会很是注重舞蹈腰鼓的健康传承，积极申报了市非遗名录。

"夕阳无限好，只是近黄昏。"近些年来，我整理了鼓谱《打着腰鼓扭起来——北朱村舞蹈腰鼓》书稿；录制了多份视频光盘；为了留住精彩的瞬间，我还学会了摄影。所有这些，都是传承人的我应尽之责。

曲折漫长的申遗成功之路上，难忘有关领导的真诚重视与鼓励。焦作市群艺馆非遗科的韩丽科长，不光鼓励我"老当益壮、精神感人"，还叮嘱王豆老师具体帮忙办理有关手续。中站区文体广新局的办事员杨丽，每次上报材料都帮忙整理。区文化馆的郭凤仙馆长，不知为我传送过多少有关上报材料的表格与范本。是这些好人们，圆了我传承、弘扬舞蹈腰鼓之梦！

这支舞蹈腰鼓队，在历史的进程中，留下了艺术的印记。辛亥革命之后，为了充分显示喜庆欢快气氛，便将领打的战鼓改用了盘鼓。再后来，到了民国二十年，军鼓传入豫地。一贯思想开放、敢为人先的北朱村人，就改用了大军鼓领打，更增添了音量与韵味。抗日胜利、新中国成立、土地革命、抗美援朝，以及合作化、粉碎"四人帮"、"三中全会"召开等重大国事，都有着它的欢乐庆典、精彩表演！长期以来，北朱村的这路舞蹈腰鼓，成了远近老百姓们喜闻乐见的民俗传统文艺节目。

这路舞蹈腰鼓，揉合了体育、舞蹈、腰鼓的精华，综合成了有益的文艺表演。经常习打，可以强身健体，怡情励志，拓宽人际交往；在提升生活品位中延年益寿、人乐自悦；在通力协作中加强团队凝聚力量。一句话，经常习练，多利而无一弊。

笔者十分钟爱打腰鼓。自9岁开始学打，从1960年2月接续此套舞蹈腰鼓以来，至今已经半个多世纪。在长期的组队、教习过程中，通过潜心研究拓展，已经逐步去粗取精、推陈出新。在继承精华基础上，陆续取人所长，逐步弘扬、升华了它的品位。至今，只要见过打这路舞蹈腰鼓的人，都会对它印象深刻，赞不绝口！它紧跟着时代的步伐逐渐进步，在不断汲取精髓中逐步完善、提升品味。在已经形成鲜明特色的基础上，还汲取了江、浙、晋、陕、鲁、川及本省众家腰鼓之长，使得它结构更加完整、出类拔萃、超凡脱俗！

北朱村的这路舞蹈腰鼓，在焦作地区流传甚广。众多学打者经常上门求教、聘请教习；它还随着姑娘们的出阁走出村门，被移植到诸多地方。如今介绍的这路腰鼓，就是出嫁半个多世纪的我的传承。意在使得它愈打愈精，声名愈远，影响广泛！

北朱村舞蹈腰鼓在2010至2014年春节的"焦作市优秀民间文艺节目"汇演、展演中脱颖而出，荣获"优秀节目"奖、"一等奖"多次，受到了领导的关注，上级的表彰、奖励，以及广大观众的赞扬！

但是，花无百日红，天非总是晴。虽然这路舞蹈腰鼓正在走向辉煌，但是，至今我已古稀有二，再加上腿伤未愈，就愈想尽快在有生之年，办好这件善事：一是普及与发扬光大它；二是完整地传承下去，后继有人。此乃编著此书的诚挚愿望与初衷。

在此，恭谨地以此书献给：张明玉等北朱村舞蹈腰鼓上五代无私传承的先辈们，以及广大的舞蹈腰鼓爱好者！

舞蹈腰鼓相伴一生，我活得值！传承祖国文明，我乐在其中！

省十二运会记事

北朱村加紧腰鼓训练
——喜迎省十二运会在焦开幕

焦作市中站区北朱村的舞蹈腰鼓训练，随着省十二运会开幕式的倒计时愈练愈热。

北朱村舞蹈腰鼓是我市非物质文化遗产项目，已经传承了265年，老百姓喜闻乐见。继2014年5月9日在省十二运会"首届全民健身大会社会组登山组比赛暨省全民健身月启动仪式"上，欢快的鼓点敲开序幕以来，北朱村舞蹈腰鼓除了麦收农忙短暂休练之外，连续三个多月都在加紧训练。

中站区文体广新局郭凌局长高度重视，及时总结了腰鼓队在云台山表演的经验教训，扬长避短，制定出了一套新的方案，既能体现体育竞技比赛的欢快有力、队形变换，又能充分展示舞蹈腰鼓的历史内涵的组合打法。北朱村决心不辜负领导期望，充分运用省运会在焦召开这个广阔平台，展示舞蹈腰鼓的魅力，为我省体育盛事做出贡献。其间，郭凌局长经常趁双休日、夜间督导，及时解决难题，多次提出修改意见。

北朱村更是紧抓这个百年不遇的大好机会，以参加省运会开幕式表演为荣，全力以赴、不遗余力。党总支书记、村委会主任张小爱把训练腰鼓当成大事来抓，配备了足够的人力、物力。首先是从400多名队员中精选出130多名55岁以下者；其次是经常挤出时间深入到队员中指导一招一式。领队的村委委员张四清，更是不负重托，认真负责，全程辅导，按时考勤，对动作要求严格。为方便训练和声不扰民，这支训练队伍曾六易场地。后期的训练，是在村西一公里多处、还未开业的"蚂蚁汽车城"里宽阔场地上进行的。

这支130余人的腰鼓队特别"能战斗"：不畏炎热、艰苦训练，顶着三四十度的高温无人退缩，有事尽量不请假；他们不怕吃苦，早晨五点多就开始训练，夜里十点多还未结束。大家齐心协力、劲往一处使，决心打出风格、打出威风，为省十二运会加油助兴、增光添彩！这次训练的可贵特点是一丝不苟。队员们排练时都很认真，中间休息时间还在切磋技艺。

传承人的我使尽全身解数优化打法：一改传统的花样打法，将三段三十二节花样与队形变换重新整合编排。既增强了技巧性与艺术性，更显得恢宏大气。

领导的重视鼓舞了队员士气。市文广新局派出王高生科长跟踪督导。市委宣传部部长甘如华，于2014年8月22日，亲临训练场地指导讲话。队员们格外振奋！觉得打不好腰鼓一是对不起领导的关怀；二是对不起长时间的严格训练，所以，劲头更大了！

以上仅只是这段训练的简要总结。感人的事太多，难以一一陈述。

舞蹈腰鼓第六代传承人 张咸贞
2014年8月30日

俺村腰鼓打上了省运会开幕式

《焦作晚报》2014年5月12日　娴征

本月9日上午8时30分，云台山百家岩山门广场上，北朱村舞蹈腰鼓铿锵欢快的鼓点，拉开了"河南省第十二届运动会暨首届全民健身社会组登山比赛"序幕，来自全省18个地市、10个省直管县的28支代表队的390名优秀队员的眼珠，齐刷刷地盯着开幕式首个节目——舞蹈腰鼓，"打得好"的夸赞声和阵阵掌声响成一片，我心里十分甜蜜！

俺娘家北朱村舞蹈腰鼓，已经流传了260余载。我作为第六代传承人，虽

年逾古稀且腿不便,但有"众人拾柴"的共同努力,逐步使它升华!

继今年春节全市民间优秀文艺节目展演获一等奖之后,4月17日,500人的北朱村舞蹈腰鼓又打上了"中站区第四届运动会"。台上百余人在精彩表演;台下四周被与台上同步打腰鼓者围了个遍!我不禁感慨:俺村腰鼓春光明媚!感激之情油然而生!

中站区文体广新局局长郭凌大力支持:经济上扶持;训练上督导,牺牲休息时间带领区、乡文化干部学打,还鼓励俺要"做大做强腰鼓产业"——她是腰鼓大军的"主帅"与"总设计师"!

"河南最美村官"张小爱全力以赴:她是北朱村党总支书记兼村委会主任,各项工作都很出色,传承本村腰鼓更是不遗余力。她经常督导腰鼓队训练,一有空就背起腰鼓学打;还专门委派村干部负责全村130名腰鼓队员事宜。白天集训主力队员,晚上再让主力队员回去教各自居民片的队员——他们是北朱村腰鼓最能战斗的生力军!

西王封舞蹈腰鼓是这路腰鼓的传承队,人称"老师队"。她们是"铁打的"辅导员队伍,协助我把这路腰鼓传到了市老干部大学、人民公园和都市花园社区等地,近些年来,又帮我把它奉还给了北朱村。她们是广泛传播北朱村舞蹈腰鼓的功臣!

俗话说:"台上一分钟,台下十年功。"这路腰鼓是刻苦训练才打上省运会开幕式的,是诸多正能量汇聚的集中体现!

部长和我握手

《焦作晚报》2014 年 10 月 13 日　娴征

隆重喜庆的省十二运动会正在紧张逐鹿之中。这是咱焦作人民的喜事、盛事,也是俺北朱村腰鼓队百年不遇的大好事——在开幕式前的"全民健身"节目中第一个闪亮登场!为此,俺还荣幸地与市委常委、宣传部长甘如华握了两次手呢!

俺娘家北朱村的舞蹈腰鼓,始创于清代乾隆年间(1750年)。原本是清代十大武功名将、御前侍卫长张广泗的长嫂李氏,奉献给朝月山的乾隆帝的观赏节目。结果,乾隆帝这次朝嵩山后未来月山寺,李氏带的腰鼓队只在寺门前打了一场,从此就名声大震!经过265个春秋的洗礼,作为第六代传人的我,原滋原味地传承至今,并多次在我市春节"民间优秀文艺节目"展演中获奖,是市级非遗项目。老百姓喜闻乐见,区、市领导重视。今年又被选定为省十二届运动会"全民健身"

表演节目。盛世喜事多，传承了56载这路腰鼓的我，竟然在晚年幸遇此等美事！

为不辜负领导期望，给省运会在焦作举办增光添彩，我们进行了三个多月的艰苦训练。队员的确定、节目的编排多次优化、精选，8月中旬确定了下来。听说市委宣传部长要来看节目，队员们兴奋异常！

8月22日近午时分，炽热的骄阳愈发火爆，130多名队员仍在烈日下加紧训练。突然，一溜轿车开进我们的训练地"蚂蚁汽车城"大院！甘如华部长笑容满面地观看了训练，慰问、鼓励了全体队员。看着站在场外、白发苍苍的我，甘部长笑着伸出了那双硕大的手："老人家，辛苦您了！有什么困难吗？"我激动地一一回答。随行记者、摄影师们忙着抓拍镜头，我急忙躲闪。甘部长笑了："来，老人家，合个影！"部长的平易近人，激起了热烈的掌声！我暗下决心：一定要尽最大努力指导好腰鼓，为部长争气，为焦作争光！

9月18日雨过天晴，市太极体育中心体育场布置得庄严大气，出场口整齐地站满了候场的队伍。下午3点，"全民健身"节目彩排开始，我的心跟着腰鼓队上了场！我们的腰鼓打得很好，掌声阵阵！直到全套节目演出完毕，我的心情仍很激动！演出结束后，竟然高兴得摸不着出场的那个门口了。正在着急寻找，却又被那双硕大的手握住："老人家，不简单哪！你们的腰鼓打得不错，继续努力！"我这才回过神儿来："您在会上的讲话太激动人心了！谢谢鼓励，一定努力！"

参加省十二运会开幕式表演
北朱村舞蹈腰鼓编排及修改意见

开场

大战鼓开台

①大战鼓点起，队员台步（碎步）从两侧"五五"穿插（左五队穿插到右五队）入场。

②跑到预定点后，大军鼓主奏，镲先后起短点：

$\frac{2}{4}$ 咚咚咚 | 咚 咚 | 咚咚咚 | 咚 0 ‖

说　　明：此套鼓谱大都是 $\frac{2}{4}$ 拍，后文凡同此拍的不再标注。

镲点与大军鼓同。

③入场式动作不变。即 咚 哗 ｜ 嘎 哗 ｜ 咚咚 嘎 ｜ 哗 哗 :‖

一般重复四次；亦可根据情况加以变化。

开打

第一节　四方阵　前后燕子飞　左右双冲锋　（各一遍）

第二节　三层花　鼓面朝外 ①十六步 ②花转身 ③甩手碰 ④秧歌步

第三节　十字叉　先鼓面朝外　拉步子　后反向　三连冠

第四节　棱形队　抽斗队　单冲锋　（前后各两遍）

（鼓镲在中间）面片队　照原打　咚 吧　咚 吧 ｜ 咚咚 吧 咚 吧 ｜

咚咚吧　咚 吧 ｜ 咚 咚 ｜ 咚咚 吧　咚吧 ｜ 咚 0 ｜ 咚 0 :‖

说明：面片队　左前、右后、右前、左后四方向各一遍。

　　　　造型队　鼓点同面片队，前蹲后渐高错落层次、鼓谱同面片队。

第五节　十纵　①　二纵队穿花步　②　十横队凤凰三点头

下场 咚 咚吧　 咚 吧 ｜ 哗 哗 ‖ 共反复 4 遍。

鼓镲迎宾队　腰鼓中间过，全队人马下，鼓镲后关门。

西王封给力

北朱村舞蹈腰鼓打得好，有着"幕后英雄"西王封村传承队（老师队）的功劳。

舞蹈腰鼓虽然是北朱村的，但近些年来由于种种原因，北朱村人会完整打下来的已是无人，需要西王封村的传承队教习。西王封是我的婆家村，中年妇女舞蹈腰鼓队成立于 2007 年 3 月，已经系统地学完了最为基础的 4 段，表演过高水平的组合段 5 段。北朱村学校师生队创建于 2010 年冬，也到市里参加过演出。但因为学生不能随便耽误学习停课，所以高水平的打法，特别是要打上省运会需要时间，这就诞生了北朱村中年妇女腰鼓队。

北朱村是我的娘家，中年妇女舞蹈腰鼓队始建于2014年4月2日，也就是省十二运会启动仪式的前一个月。北朱村的队员学得认真，主要是严师出高徒——西王封队教得认真。因为目前北朱村舞蹈腰鼓队等多支腰鼓队中，西王封队学得最多，所以叫做"传承队"。说它传承队名不虚传：北朱村的师生队与妇女队，王封队的东、西王封和西冯封4个队，以及市里的都市花园队，市老干部大学学员队，人民公园队，云台、和美小区队等，都是西王封传承队教出来的。这次两度打上省运会，也是西王封队教出来的。

为了教好北朱村队，西王封队都要往返十多里，到北朱村义务教授腰鼓技艺。西王封队认真教习，数月对北朱村腰鼓队严格训练，务求动作规范、划一。在思想上，把教北朱村腰鼓看成是为焦作市争光、为舞蹈腰鼓创造辉煌的大事。小事不请假，小病不离场。西王封队为了教好北朱村队，付出了艰辛的劳动，在北朱村度过了炎热的夏季与仲秋。训练紧张时，上、下午和晚上全部到场。为了保证质量，十多位老师一个个把着手教。每教过一节，都要多次检查队员动作，一个个"过关"，直到符合标准为止。

西王封队到北朱村教腰鼓者，有时中午不能回家，难以冲凉，身上长满了痱子，痒痛难忍。有几次晚上训练，天下着小雨，地面不平。老师们在一个个小水坑里走来跳去，鞋袜和脚腿湿透了也没停下。

去年的训练，我是尽了最大努力的。虽已年逾古稀，但仍然一招一式地亲传教习。早在4月中旬就扭伤了以前受过伤的腿，又不能休息，打针输液后仍然再回训练现场。由于得不到休息，膝关节肿得发紫，积了水，化了脓，仍在忍着病痛辅导队员。从8月中旬开始，由于炎症下午发烧，心率每分钟100多次，血压高达200上下。就是这样，还是硬坚持到9月19日的省十二届运动会开幕式结束。翌晨，腿疼得不会站立了，只好住进了医院。但为时已晚，双膝半月板右侧均已经磨光，骨头磨着骨头，非手术置换膝关节不可。于是，院方先是消炎、抽水，然后于10月3日做了手术，受尽了疼痛之苦。花费惊人：除了医保报销之外，自己还拿出了七万多元！为了北朱村的舞蹈腰鼓，我付出得太多太多。北朱村舞蹈腰鼓的辉煌，西王封传承队的老师们付出了最大的努力。在此，表示衷心感谢！

西王封舞蹈腰鼓队，为教好北朱村队付出的努力，体现出的是无私的奉献：有的扛着病体，有的耽误了自己的事；辛苦自不必说，还没有报酬和奖金，只是些"幕后英雄"。参加省运会表演的是北朱村队，风光露面的也是她们。西王封队之所以高尚，就在于不图名、不为利。她们是传承北朱村舞蹈腰鼓的功臣。

北朱村重视

　　北朱村两委会记住了俗话说的"打铁还得自身硬"。上级领导这么重视，必须打好腰鼓，不仅为领导争气，更是为省运会争光添彩。为此，北朱村做了大量扎实而有成效的具体工作。

　　北朱村舞蹈腰鼓要打上省运会，即将创造腰鼓史上的辉煌，不拿出实干精神是不行的，应当认真对待。北朱村党总支书记、村委会主任张小爱说："决不能辜负领导期望，一定要打好腰鼓！"她不光这样说，更是采取了得力措施。

　　首先是召开了腰鼓打上省十二运会的专题会议，具体部署一系列工作。一是思想上重视：把打好腰鼓作为重要大事来抓，并派出村委委员张四清，全天候负责腰鼓队事宜。

　　其次是对于腰鼓队员把关：挑选400名年龄在55岁以下、身手灵活、有舞蹈基础，并且热爱本村腰鼓的妇女队员。

　　三是先培养骨干：从400名腰鼓队员中，先挑选130名最为优秀者作为首批学打。白天，她们跟西王封传承队的老师们学习，晚上回到各自的居民片、生产小组教广大队员。以点带起了全面。

　　四是保证足够的训练时间：从4月2日起培训首批队员。训练时间主要放在早五六点，晚8点至10点半。到了快上场时，上下午全都训练。所谓"熟能生巧"，正是这个道理。只要打得多了，悟出了真谛，就能够打出韵味的精、气、神。

　　五是多番解决训练场地问题：为了确保打好腰鼓，曾先后七易场地。张小爱当选为"2013年度最美村官"是名不虚传的，她既想要练好腰鼓，又不想扰民。但打腰鼓是个辛苦活，要练好它一是需要队员们的努力；二是必须得有相应的合适场地。开始，将腰鼓场地选在村委会前广场，夜深时噪音大，影响周边村民休息。后来，迁到了周围居民不多的水利局大院，场地还是显得狭小。然后，又迁到了人民大道南侧的小广场。虽然场地也算可以，交通也都便利，周围还没有居民，但是，随着夏季太阳的日益升温，白天实在太热。于是，想到了本村的学校。那里场地宽阔，树荫浓密，饮用水、洗手脸还都方便。但是，只有双休日可用，平时不能打乱正常教学秩序。之后，又迁到了村外西隅的张昺陵园，但只能培养几十个骨干——享堂前的广场显得有点不够大。还有一层意思，陵园里夜间没有灯，又远离村子，有些不方便。为了选择合适的训练场地，干部们可没少费脑筋：辗转了一大圈儿之后，才想起了村西南隅1公里处还未开业的"焦作市蚂蚁汽车城"。这次迁移可方便多了：太阳毒时在两层楼的厂房之内，二层正好可以作为看台，随时观看训练效果，及时纠正。但是，想到出场将至，省运会开幕式的场地肯定会更加广阔，正式演出之前在狭小的场地训练惯了，只怕到了上场的大环境难以适应。于是，经常把训练队伍拉到非常广阔的大门之内的广场上。真是功夫不负有心人——七易场地之后，这支腰鼓队打得更精彩了！

六是及时解决具体问题：尽管北朱村关闭村煤矿后经济拮据，但还是尽力支持腰鼓队训练。饮用水、遮阳帽、草帽等及时供应，为队员们解暑降温。

七是村党总支书记的重视：村党总支书记、村委会主任张小爱工作虽然很忙，但总要挤出时间看望腰鼓队员们、辅导动作。有时，她白天忙着，黄昏、晚上抽出时间看望队员，征求改进意见。一旦发现问题，立马着手解决。书记的关爱，转化成了打好腰鼓的思想动力。所以，这支年轻的舞蹈腰鼓队，能够在打完省十二运会启动仪式之后，顶着高温酷暑加紧训练。在省运会暨全民健身大会开幕式上，组合打法上了档次，技法比任何时候都精彩！

张小爱工作扎实，争打胜仗。她的心意到了，队员们的功力也就到了。队员们有的生病不间断训练，有的家中有事尽量克服，坚持参加训练。大家众志成城，决心为北朱村争气，为焦作市争光，为省十二运会添彩！大家以刻苦训练为乐，成就了北朱村舞蹈腰鼓的大手笔！

传承人谱系

代别	姓名	性别	出生时间	文化程度	传承方式	居住地
第一代	张李氏	女	清乾隆二十年	私塾	首创	北朱村
第二代	张茂川	男	清同治初年	私塾	师传	北朱村
第三代	张乃州	男	清光绪初年	私塾	师传	北朱村
第四代	张朋川	男	1885年	私塾	师传	北朱村
第五代	张明玉	男	1901年	高小	师传	北朱村
第六代	张咸贞	女	1944年	大学	师传	焦作市
第七代	张三清	女	1963年	初中	师传	西王封
第八代	张小爱	女	1958年	高中	师传	北朱村

张四清	男	1964 年	高中	师传	北朱村
杨 丽	女	1978 年	英语本科	师传	中站区
靳素文	女	1947 年	大学本科	师传	西王封
王喜英	女	1957 年	初中	师传	西王封
张爱霞	女	1968 年	初中	师传	西王封
刘 杏	女	1967 年	初中	师传	西王封
刘小梅	女	1968 年	初中	师传	西王封
来云莲	女	1953 年	大专	师传	西王封

舞蹈腰鼓简介

北朱村舞蹈腰鼓，是一种综合民间艺术。它融体育、舞蹈、腰鼓于一体。经常习练，可以强身健体、陶冶情操、健美体形、愉悦心情。

北朱村舞蹈腰鼓，是一项有益的民间集体艺术传统节目。从队形、队列上看，体育竞技特色比较明显。因此，具有高度的团队协作阵容，讲求精神面貌、统一着装，大有部队军人韵味。

北朱村舞蹈腰鼓，是一项多彩的文娱活动。鼓谱结构严谨，大多为四二拍。敲打中，鼓点儿的敲击与动作的导引有机结合，互相渗透。整齐而不拘泥，多变而不呆板。

北朱村舞蹈腰鼓，基本的站式身法非常重要。初学者要注重扎实基本功底的训练：真正从站式身法中，体现出女子的曲线、丰满之美；从基本的打法中洋溢出独特、奇妙的神韵。

北朱村舞蹈腰鼓，舞蹈花样众多。在边打腰鼓边跳舞中，充分体现出丰厚的文化底蕴、优美的民间艺术积淀。无论哪段、哪节，始终突出舞蹈动作。会打了这路腰鼓，舞蹈的基本功就能上个新的台阶。全部打完之后，一般的舞蹈就都会跳了。

北朱村舞蹈腰鼓，团队协作精神强。在共鸣上，它吸纳了大军鼓（民国之前是战鼓）、粉皮镲和哨子，形成了强音共鸣。这些打击乐与口令器物的协调交响，悦耳而又恢宏，综合而又多彩。

这路舞蹈腰鼓，阵容为方块队。根据人数的多少，排列成至少为四队的偶数队列，气势磅礴而不单薄，多富变化而妙趣横生。并且，队员人数机动：20人以上，无论多少都很相宜——尤其是百人的方块队。

这路舞蹈腰鼓，最大的特点是花样打法极多。并且，每种打法各具特色；军鼓、大镲、腰鼓,在哨声的统一指挥下错落有致,交相辉映,赏目悦耳,激扬心境。

如此有益的民间传统节目,还有四个有利因素:一是投资小;二是携带便捷;三是锻炼身体见效快;四是大方简单的动作技巧,便于尽快掌握。

这路舞蹈腰鼓,主体是腰鼓。但不同于一般的传统两队打法,而是根据人数的多少,排成方块队阵容;再配上辅助的大军鼓、腰鼓、镲和哨子,显得格外气派,阵容庞大、整壮。

此路舞蹈腰鼓有如此多的益处,劝君不妨尝试、体验。

第二章 舞蹈腰鼓队员须知

腰鼓队员要热爱这路舞蹈腰鼓。习练之前，需要做好有关准备：

1. 爱惜腰鼓。过去的腰鼓，是用黄牛皮做的，虽不好看，但却结实；如今的这些腰鼓，说是水牛皮做的，看上去细致美观，但却不够结实，更需要爱惜与保养。具体的做法如下：

（1）新腰鼓在使用前，最好是先将鼓面和鼓槌儿打蜡。一是防潮效果好；二是有利于保护鼓面，延长使用时间；三是鼓槌儿不磨手。

（2）要打腰鼓，首先要认清腰鼓的前后面。即皮黑、厚的为前面，耐打、结实。如果将较白、稍薄的鼓面当成了前面，很容易打破，而且声音也不好听。

（3）知晓腰鼓各部位名称，方便相应的保护。中间稍鼓、两头稍小的椭圆形是鼓体，也是两个鼓面的支撑部位，叫鼓腰。鼓腰一般由木质做成，不够结实，要轻放、轻拿，不要随便乱扔。鼓腰上有鼓环，作用是拴腰鼓。鼓环如果毁坏，就不好背了。所以，没事不要随便转动，以免脱落。鼓面是被敲击的，一般要敲在鼓心。中间皮厚，经打，声音洪亮、动听。鼓腰与鼓面之间的棱叫鼓边，打附点时敲击，但用力不要太猛，以免打破，鼓皮脱落。连接鼓面与鼓腰的部件是鼓钉，没事别动。它要是掉了，鼓面也就脱落了。

（4）腰鼓怕潮、怯风。要置于干燥、安全处，不得雨淋、曝晒，刮大风时不要在室外敲击。

2. 准备鼓带儿。鼓带儿一般由厚实绸缎做成，背着舒适、耐用。它的长度一般以3至4米为宜，视身材而定。现在一般都用缎子做成，需要用火稍燎边沿，以防脱落，然后折叠适中后穿于鼓环之上。所留长度后长前短，打结系在右腰前侧，蝴蝶结，方便、美观。

3. 鼓槌儿。鼓槌儿的槌小脖细，容易打折，没事不要随便在硬物上敲击。不用时，将鼓槌带儿打活结系住，避免丢失、损坏。

4. 注意保持腰鼓及有关部件整洁，使之美观、耐用，发挥应有作用。

第三章　舞蹈腰鼓的预备动作

舞蹈腰鼓的预备动作，其实是综合的。主要由三部分组成。

1. 双手握槌方法。右手夹鼓槌儿于三、四指之间的上四分之一处。掌心朝里，槌朝鼓面；左手夹指握槌儿同右手，但握在上三分之二处。使双槌儿均朝鼓面，相对，并且平行。

2. 站式身法。要领：丁字步，挺胸、收腹、提臀，侧着身，眼向前看。充分体现曲线、健壮身段之美。

3. 双手姿势。 要领：起势右手握鼓槌掌心先向内，上提至腰鼓上方，敲击鼓面后翻槌，掌心向外；将鼓槌提至距右眉梢外一虎口处，上约三指处。鼓槌朝下，上下垂直； 左手握槌掌心向内下，将手腕露于鼓面之外中央，便于内外敲击。

第四章　舞蹈腰鼓的基本打法
（附带哨子、军鼓、镲谱）

舞蹈腰鼓的基本打法，其实只有两种：舞台腰鼓与场地腰鼓。此书以场地腰鼓为主体。无论是舞台腰鼓还是场地腰鼓，最为常用、重要的只有小数点和路鼓两种打法。

哨子用于大型演出的开始，亦可用指挥棒替代；大军鼓与镲，指挥腰鼓各种花样的打法。

小数点的作用　鼓谱　打法　提示　技巧

"小数点"顾名思义，它是这路腰鼓中路鼓的中间部分——即掐头去尾的鼓点儿："咚 咚吧 咚吧｜咚 0　‖"

作　用：用于这路舞蹈腰鼓的起、承、转、合、停。即开场与每节花样的开始，都要先打小数点；转换花样先打小数点；合、变、分队先打小数点；每段以及最后结束，还要打小数点。一句话：小数点贯串于整路腰鼓的始终与中间。鼓点不多，但却最为常用，非常重要。

鼓　谱：咚 咚吧 咚吧｜咚 0 :‖一般反复三遍。

说　明：第一遍为起鼓，也就是预备动作。预备姿势落下，原地打第一遍，脚步不动，保持站式身法；第二、三遍原地（或转向）踏点，先起左步。一般忌讳向前走步。

提　示：1.开始敲第一槌就是振槌。即将预备姿势的右手反掌下落至前鼓面垂直位置时，中指翘起，用拇、食指捏槌，用力敲击鼓面后别离开，让鼓槌在鼓面上自然跳跃，产生"咚咚咚……"连响的效果，这就是振槌。振槌是北朱村腰鼓一绝，一定要打好。打完第一槌之后，将右手自然放至身体右侧，距离自身环跳穴外约半臂远，高低与环跳穴平行，即鼓槌朝前侧方，与左槌平行。

2. 左手原本放在鼓腰上外侧。待右手振搥、下放动作时，左手向鼓面的身体里侧敲击"吧"。

3. 第三个动作又是右手：将右手自然提至与鼓面垂直时，敲一声"咚"后，在鼓腰上翻转手心向外，提至预备动作时的眉梢上三指、外一 虎口处，鼓槌仍旧向下垂直。

4. 第四个动作又是左手。即左手从身体内侧向鼓面外侧敲"吧"。

5. 鼓点完全结束后，右脚再补一步，以便下次再起左步。

总之记住：一是右手敲击鼓点为"咚"；左手敲击鼓面为"吧"。

二是小数点鼓点结束后脚步不停，仍再踏一步补齐四拍。

三是脚步为四二拍：三拍后休止一拍。休止的一拍鼓停而脚步不停，总共四步。

技　巧：小数点的打法，技巧主要有两个：一是振锤儿，即："咚咚咚……"二是下槌儿向上敲击鼓面后，槌尾转向上槌垂直朝下。

路鼓的作用 鼓谱 打法 脚步 技巧

路鼓的作用：主要用于腰鼓队伍的行进、变队和进、出场，以及换节之间的过渡等。

鼓　谱：咚吧　咚吧| 咚 咚吧 咚吧　‖

打　法：路鼓的打法，是建立在小数点基础上的。前面讲过：小数点的鼓谱，是把路鼓掐头续尾，即前边多了两个"咚吧"。这个"咚吧"的动作，与小数点中间的"咚吧"相同；路鼓最后的一个"吧"的动作，也与小数点的"吧"相同。也就是说：小数点所踏的最后空点，被路鼓的最后一个"吧"填充，脚步仍在踏点，鼓停步停。

脚　步：腰鼓队伍的行进，主要靠路鼓。先起左步。要求队员脚掌着力，脚后跟稍稍提起；脚步的要求是两大两小：即大、大、小、齐。第四步小步，应将脚步放置在与左步基本平行、稍偏后的位置。这样的步伐，看起来有点像扭秧歌，但是，又不同于扭秧歌：是直着行进，不走十字步，也不后退。如能掌握技巧走好这个路鼓步，这路腰鼓的优美特色不言而喻。

技　巧：① 脚后跟着力要小，主要用脚掌气力。

② 身体保持中正，上腹部挺起，腰部随上腹部扭动，不出胯。

哨子、大军鼓、镲点开打合奏：

起鼓：嘟——哨子开头

　　　咚咚咚——军鼓点儿起鼓

　　　镲 嚓——镲点儿

接着，腰鼓开打。

"咚吧"的"咚"为腰鼓右槌敲击的鼓点；"吧"为左槌敲击的鼓点。"咚"和"吧"皆为主点；而敲击鼓边、鼓腰、两槌碰击和槌垫槌等发出点的声音，皆为副点。一般副点军鼓和镲不奏。

开打：①一般的腰鼓开打，是由大军鼓开始，它是腰鼓队的总指挥。

　　　②镲是腰鼓的领打和动作示范。

由上述可知，开打真可谓之：哨子起个头，撞响大军鼓；大镲嚓嚓嚓，带起众腰鼓。四者交响辉映，合奏美不胜收。

欢乐开场 鼓镲和鸣

欢乐开场主要有两种，长短之分。

长："嘟——"哨子声。

军鼓大镲和鸣：

<u>咚咚 嚓嚓</u> ｜ <u>嚓咚 嚓</u> ｜ <u>嚓嚓 咚咚</u> ｜ <u>嚓咚 嚓</u> ｜ <u>咚咚 嚓</u> ｜ <u>嚓咚 嚓</u> ｜

<u>嚓咚 嚓咚</u> ｜ <u>嚓咚 嚓</u> ｜<u>咚嚓 咚嚓</u> ｜ <u>咚 嚓嚓</u> ｜ <u>咚咚 嚓嚓</u> ｜ <u>嗨嗨 咚</u> ‖

短点： <u>咚咚 咚</u> ｜ <u>嚓 嚓</u> ｜ <u>咚咚 咚</u> ｜ 咚 0‖后两小节为鼓镲合奏。

队员可以叠罗汉、定势、造型、站字之后，舞蹈腰鼓再正式开始。

历史沿革：早年介入战鼓、盘鼓开场，喜庆鼓镲点儿是：

<u>嘎嘎 咚咚</u> ｜ <u>嘎咚 嘎</u> :‖: <u>咚 嘎嘎</u> ｜ 咚 嘎 :‖

说明：每个尾点儿的"嘎"均为两鼓槌相碰发出的声音。

入场仪式 鼓谱 动作 技巧

入场仪式主要用于腰鼓队参加正式大型场合的演出。

鼓谱： 咚 0 | 呱 0 | 咚咚 呱 | 哗 哗 ‖

动作： 主要分为三部分：

①右手"咚"，左手"呱"击鼓腰。 先左步，各跳一步。

②右手"咚咚"，左手"呱"击鼓腰。 起左步，跳一次，右步也跳一次。双手头顶自左向右舞动一次。一遍动作完成。

③一般打四遍之后，或打行进、路鼓；亦可一直打入表演场地。

技巧： ①前两小节击鼓后，双手向上猛发力抛槌绸，两手、臂膀与肩同宽。

②眼睛注视头顶的舞动。

③"呱"均为敲击鼓腰之声。

此路舞蹈腰鼓另有入场式、退场、欢迎、再见等 10 节组成。

第五章　各段花样的名称 鼓谱 动作 要领 说明

第一段　传统秀

燕子飞　双冲锋　拉步子　基本步　秧歌步
十六步　三连贯　碰槌甩　花转身　再　见
一般花样及其鼓谱、动作只打两遍，不再提示。

燕子飞

鼓　谱：类似小数点：咚 咚吧 咚吧 | 咚 0 :‖
　　　　　咚 咚吧 咚吧 | 咚 咚 | 咚 咚吧 咚吧 | 咚 0 ‖

大军鼓：咚咚咚 0 ‖: 咚咚咚 0 :‖ 咚咚咚 0 ‖

镲　点：嚓嚓嚓 0 ‖: 嚓嚓嚓 0 :‖ 嚓嚓嚓 0 ‖

动　作：脚腿：起左步，右步虚在左步前，形成两脚尖平行的摽步；身体略下蹲后，立即蹬腿、向上提身。

双　手：每次敲击鼓腰后立即向两侧甩开，高于肩膀；双手同高；配合着双腿动作，做出燕子飞行状。

双　目：随着双手的舞动协调动作。即左、右手兼顾盼。

说　明："×"表示大军鼓和镲只作指示不敲击，只有舞蹈动作。

双 冲 锋

鼓　谱：咚 咚 吧　咚 吧｜咚咚咚 叭叭叭｜咚 咚 吧 咚 吧｜咚 0 ‖

大军鼓：咚咚咚　0 ‖：× × :‖ 咚咚咚　0 ‖

镲　点：镲镲镲　0 ‖： × × ×　0 :‖ 镲镲镲　0 ‖

动　作：前两小节左、右各一步；第三小节左腿弓步，右腿蹬步；第四小节左腿也改为蹬步，身体重心平均放在两腿之上；第五小节左腿收回；之后左、右步踏四点。全部动作结束。本节因向前走步少，所以要回到原场地，需要打四节。

拉 步 子

鼓　谱：这个花样共四小节。前三小节鼓谱为小数点；第四小节为鼓腰附点。
咔哒 咔哒｜咔 哒‖

大军鼓：咚咚咚　0｜咚咚咚　0 :‖

镲　点：嚓嚓嚓　0｜嚓嚓嚓　0 :‖

动　作：第一小节出左步，弓步，上右步，脚尖向左，蹬腿；第一小节结束时，将重心移至右腿；第二小节仍出左脚，上步。将右腿拉至后面，与第一小节脚尖方向相反。第三小节同第一小节。第四小节为整理，左、右共四步，前进。

基 本 步

鼓　谱：同小数点，反复4次。

动　作：左脚向左侧前方迈步，右脚跟步的同时，双腿齐颤动两次；到了小数点左后一个"咚"时，双腿颤动第三次；鼓点停止后再颤动第四次。

说　明：① 颤动步也叫"展筋"步。即双膝先小幅度弯曲后猛展，带动全身颤动，普遍按摩一次。此动作有益于膝关节病的锻炼与康复，同时增强内脏功能。久练最能康复腰腿疼、肠胃疾病和减肥、增胖。

② 此节花样，最美的动作是停了鼓点后再颤动的一次，同时，又便于全队打齐。

③ 此节花样只有左右各两步，总共四步，不要多打。

④ 四小节结束后的第一个小点，将步子移至原来初打时的位置，以便于下一节花样开打。

秧 歌 步

鼓　谱：咚 咚吧 咚 吧｜×××　0‖：咚 咚吧 咚 吧｜×××　0：‖
　　　　咚 咚吧 咚 吧｜　咚　0‖

大军鼓：咚咚咚　0｜×××　0‖：咚咚咚　0｜×××　0：‖咚咚咚　　0｜
　　　　咚　0‖

镲　点：嚓嚓嚓　0｜×××　0‖：嚓嚓嚓　0｜×××　0：‖：嚓嚓嚓　0｜
　　　　咚　0：‖

动　作：① 前三小节，可以理解成三次：脚走十字步；手先左后右在头顶来回各舞动一次。

② 第四次为整理：原地先起左脚；右脚尖在左脚腰处轻点一下；接着，右脚起步垫脚，将左步垫起后立即放下。初学者如做不成四步，可先抬左脚，右脚不必轻点那一下，直接起垫步就行。全部动作，三四步完成亦可。

③ 最后一小节的手势是：两鼓槌分别从身后两侧甩向前。其间，分别敲击腰鼓的前、后面。

十 六 步

鼓　谱：咚吧　咚吧｜咚咚吧　咚吧　:‖ 4遍。

大军鼓：咚　咚｜$\overset{3}{\overgroup{咚咚咚}}$ 0 :‖ 4遍。

镲　点：嚓　嚓｜$\overset{3}{\overgroup{嚓嚓嚓}}$ 0 :‖ 4遍。

动　作：此花样分为四小节，每小节四步：① 1小节，左脚先上，向正前方走三步，第四步右脚上步，脚后跟上步点地；② 2小节，右脚起步，向正后方退三步，第四步左脚尖点地；③ 3小节向左后方转270度，仍是起左步，第四步右脚尖点地；第四小节还原回到出发点。全套动作完成。

三 连 贯

鼓　谱：咚　哗　哗　:‖　咚咚吧　咚吧｜咚嘎‖

大军鼓：咚　0｜$\overset{3}{\overgroup{咚咚咚}}$ 0 :‖

镲　点：嚓　0｜$\overset{3}{\overgroup{嚓嚓嚓}}$ 0 :‖

动　作：反复两遍的小节动作相同。即起左步的同时右槌鼓面敲一下，紧接着左槌在鼓腰上连敲两下，右槌再在鼓边上补一下后，前六点两单步完成；第三、四小节手敲"咚咚 吧"，脚行进两单步；第五小节：左腿抬至与膝盖平，右脚跳步的同时，双手自身体两侧抢至头顶处，两槌相击产生"嘎"音。这套组合动作完成后结束此花样一遍。

碰 槌 甩

鼓　　谱：咚 咚 吧　咚 吧｜咚 咚｜咚 嘎｜咚 咚 吧｜咚 吧 咚‖

大军鼓：咚咚咚 0‖：×× :‖ 咚咚咚 0‖

镲　　点：嚓嚓嚓 0‖：×× :‖ 嚓嚓嚓 0‖

动　作：

① 前两小节同路鼓。

② 3、4小节时，双槌在鼓面两侧上下敲击三次后，双手从身体两侧抡着向上，至头顶时双锤相碰，发出"嘎"音后，此节花样一遍动作完成。

花 转 身

鼓　　谱：咚 吧 咚 吧｜咚咚 吧　咚 吧｜咚咚 吧　咚 吧｜咚 0‖

大军鼓：咚咚咚 咚 ‖：咚咚咚 咚咚咚:‖ 咚咚咚 0‖

镲　　点：嚓嚓嚓 0‖：嚓嚓嚓 0:‖ 嚓嚓嚓 0‖

动　作：这个花样大致可分两个部分：即上行鼓谱分为一大部分。起右垫步促动左步向前，上步时两个垫步，右脚退、左脚踢。第二部分：踢起的左脚放下着地；右脚上步左转至侧面方，左脚垫于右脚右面；身体略微下蹲后上提；左手在上、右手在下，与下肢动作协调，扭身，舒展。

说　明：第二部分的最后展示动作，与《燕子飞》的脚步、手势、身段皆不相同。

再 见

鼓　谱：咚 咚吧 咚吧 | 咚 咚吧 咚 吧 :||

大军鼓：×××　0 ||: 咚　咚 :|| 咚咚咚 0 ||

镲　点：嚓嚓嚓　0 ||: ×　× :|| 嚓嚓嚓 0 ||

动　作： 第一小节打小数点儿少最后的"咚"（去尾）；第二小节反复，先左后右跳步四次。双手亦先左后右地在头顶舞动四次。然后，（准备转身）左脚接连向右叩两次，右脚跟儿在正后方点地，脚尖翘起。双手举之到右面部前，双锤连击两下，即"呱呱"（四分音符一拍）。之后，随即收手、回脚、左转身，并打小数点儿回转到原来的前方。脚呈丁字步。一遍动作完成。一般来说，只打两遍，以退出原表演场地为宜。

说　明： ① 第一段分纵、横列两种打法：纵列主要在街上打；横列打法主要由于舞台表演及汇报展演。

② 纵列打先进场。即三个小数点儿之后打路鼓，一般打4遍，要根据距离表演场地的远近，选择打几遍退出。

③ 横列打法亦如纵列。

④ 纵列变横列。先按纵列入场。然后，军鼓、镲在打完路鼓后的第一个小数点儿后，第二个小数点儿转身向表演场地正面，第三个小数点看好去处，两遍路鼓即奔去处。三个小数点儿后必须到位。腰鼓队员：横列第二个小数点儿转向场地正面。之后，开始打两遍路鼓。再打三个小数点儿后，开始打花样。

⑤ 横列打花样后，前两个小数点儿退后，留出下节打花样的场地。

⑥ 横列打时，最后的《再见》向后转一个周角（还回到面向观众或主席台），然后再击"呱呱"。可以从中间分开下场。退出表演场地，主要靠在头上舞动四下及与之相同的跳步行进。

外加两节

单 冲 锋

鼓　　谱：咚咚吧　咚吧｜咚 0｜咚咚吧　咚吧｜咚　0｜

呱 呱 0｜咚 咚吧　咚吧｜咚　0‖

大军鼓：咚咚咚　咚｜咚咚咚　咚｜咚 呱｜× ×｜咚咚咚　咚‖

镲　点：嚓嚓嚓　嚓｜嚓嚓嚓　嚓‖：嚓嚓嚓　嚓：‖

动　　作：前两小节先左后右走两步；第三小节左脚与双手皆猛向左上提，要有力度，然后收回；第四、五小节先左后右双手举之面颊侧，各连击两下鼓槌。脚步不动；后两小节打一个小数点。

三 点 头

鼓　　谱：咚吧　咚吧｜咚咚吧　咚吧｜咚咚吧　咚吧｜咚咚吧　咚吧｜
　　　　　咚咚吧　咚吧｜咚吧　咚吧｜咚咚吧　咚吧｜咚 0‖

大军鼓：咚咚咚　咚｜咚咚咚　0‖：咚咚咚　0：‖ 咚咚　咚｜咚咚咚　0｜
　　　　　咚咚咚　0｜咚 0‖

镲　点：嚓嚓嚓 0｜嚓嚓嚓 0‖：嚓嚓嚓　0：‖ 嚓嚓　嚓｜嚓嚓嚓　0｜
　　　　　嚓嚓嚓 0｜嚓 0‖

动　　作：前一小节循环：左脚先上一步，右脚接着上步与左步齐，脚尖轻点地；接着，还上右步——弓步。与之同时，左脚绷直呈蹬步状；点头时打"咚咚吧"。三次漫腿下打"咚"，左手捎带一下"吧"；打够三次漫腿之后，脚步重心前移，打一个小数点。一遍动作完成。

说　明：① 此节亦可放在第一段的第十节打。
　　　　② 单冲锋亦可放在第二段打。

第二段　四季花

进退步　穿花步　对步钻　前八步　荡对鼓
前后四　左右换　进退五　下蹲八　三五花

进退步

动　作：四遍路鼓，先外队退，里队跟；脚步，走三点一。进、退步都是点脚尖于另一脚脚腰处。上步起左，第三步左脚尖摆向身体外侧；退步起右，第四步脚尖摆向身体内侧。

说　明：结对打，错着脸。一顺脸为错。

穿花步

鼓　谱：2遍路鼓后带1个小数点。
动　作：这一节打穿花，朝腰鼓面左转：第一遍路鼓，对打双方上步交叉；第二遍路鼓穿花后退到右方；然后打小数点退回原位。

对步钻

鼓　谱：这一节主要是走舞步，16步一遍动作完成。前两个四步是对荡步；第三个四步是钻花；第四个四步退回来。一遍动作完成。
大军鼓：一次四下，共敲四次，一遍动作完成。

镲　　点：同大军鼓。
说　　明：无论大军鼓还是镲点，皆为第一点重，依次向另一边沿错落，音量逐渐减轻；两遍打完换节时的最后一点重。

前 八 步

鼓　　谱：咚 咚｜咚 咚吧 咚｜咚 咚吧 咚 咚吧｜咚 咚吧 咚｜
　　　　　0 0｜0 0｜咚咚吧 咚｜咚 0‖

大军鼓：咚咚咚 0 ‖：咚咚咚 咚：‖ 咚 0 ‖

镲　　点：嚓嚓嚓 0 ‖：嚓嚓嚓 嚓：‖ 嚓 0 ‖

动　　作：共分6步完成：前两小节左起步，脚尖点地2次；第3小节前后送胯各一次；第4小节继续前行；第5小节转身，第6小节垫步。

要　　点：① 侧着身打。② 送胯时腿不弯。③ 开打前第二个小数点一律面向前（即单队转向）。

荡 对 鼓

鼓　　谱：咚 哼哼｜咚 哼哼‖：咚 哼：‖ 反复4次。
大军鼓：只打"咚"共打8次。
镲　　点：只拍镲点，共拍8次。
动　　作：基本步伐为荡步。第一遍先上步，后退步；第三小节的"咚哼"先上左步；第四步上右步，两人脚步交叉；打击对方鼓面"咚"，左手敲击自己鼓腰"哼哼"；第四步退回。第二遍先退步，再上步；第三步先右后左上步，双手击鼓腰"哼哼"，第四步退回原位。

前 后 四

鼓　　谱：咚 咚 | 咚 咚吧 咚 | 咚 咚吧 咚 咚吧 | 咚 咚吧 咚 |

　　　　　呱 呱 0 | 咚 咚吧 咚 吧 | 咚 0 ‖

大军鼓：咚 咚 | 咚咚咚³ 0 ‖: 咚咚咚³ 0 :‖ 0 0 | 咚咚咚³ 0 | 咚 0 ‖

镲　　点：嚓 嚓 | 嚓嚓嚓³ 0 ‖: 嚓嚓嚓³ 0 :‖ 0 0 | 嚓嚓嚓 0 | 嚓 0 ‖

动　　作：面先向左转，右脚尖在左脚正前方点两下；然后，立即转向180度，右脚在左脚正后方点两下。一遍动作完成；另一遍动作同理。

要　　领：一是点步为类似迪斯高步。即脚尖着地后，膝部弯曲后猛展，由下向上发力，把身体弹起来。二是两边动作完成后，重复打的部分向上四步仍是迪斯高弹步，向正前方走。

说　　明：① 最后可加一节小数点儿整理动作。
　　　　　② 动作分为左右两边。

左 右 换

鼓　　谱：咚咚吧 咚吧 | 咚 咚 | 咚 咚吧 咚 吧 | 咚 0 |

　　　　　0 咚咚 | 咚咚吧 咚吧 | 咚 0 ‖

大军鼓：咚咚咚³ 0 | 咚咚咚³ 0 | 咚 0 | 咚咚咚³ 0 | 咚 0 |

　　　　　咚咚咚³ 0 | 咚 0 ‖

镲　　点：嚓嚓嚓³ 0 | 嚓嚓嚓³ 0 | 嚓嚓嚓³ 0 | 嚓嚓嚓³ 0 |

　　　　　嚓 0 | 嚓嚓嚓 0 | 嚓 0 ‖

　　说　明：本节其实就是当今迪斯高舞步里的三步摇，说明我国在清代就已经有了这种舞步。从中体现出了中国舞蹈的先进性。

　　动　作：出左步，右脚向右前方出虚步时提送胯，接着收回右步，向左前方出左步时提送胯。左右两次后一遍动作完成。往回收步时左手敲击鼓腰：第一次一点儿，第二次两点儿。

　　要　领：提送胯。收腹伴随着出步，往哪出步胯往哪提，然后放松腹部，胯就自然回位。

进 退 五

　　鼓　谱：咚　咚 | 咔咔咔 0 | 咚　咚 | 咔咔咔 0 ‖ 左右各 2 次。

　　大军鼓：咚　咚 | ××× 0 | 咚　咚 | ××× 0 ‖ 共 4 次。

　　镲　点：嚓　嚓 | ××× 0 | 嚓　嚓 | ××× 0 ‖ 共 4 次。

　　动　作：在这里。我们附带要说一下古人的聪明才智：迪斯高原本是近些年来才引进的外来舞蹈。但是，在 260 多年前的中国乡野，却能演绎出如此绝妙的舞蹈步伐，真可谓之奇迹！同时，也折射出了我国悠久文明的舞蹈，高于世界之先进的精华所在！

　　要点提示：要想打好此节，必须先练好迪斯高的基本步，才能够将此节打出韵味来。

　　说　明：这节其实相当于现代的的拉丁舞中的"恰恰恰"步，从中反映出中国舞蹈古代高于世界水平，只不过是舞蹈名称的叫法不同而已。

下 蹲 八

　　鼓　谱：2 遍路鼓，后带 2 遍小数点儿。恕不再赘述。

大军鼓、镲点：2个路鼓后带2个小数点。

动　作：一遍路鼓：先出右步，迈至左步前方，然后下蹲；再出左步，放在右腿前侧时如第一次的下蹲。两个小数点儿；第一遍小数点左腿上步，右腿跟着上步；向左方旋转180度；第二个小数点再转向。一遍动作完成。

说　明：① 此节相当于交谊舞的划船步，保持上身动作的中正与队列的整齐。
　　　　② 此节花样打两遍，第二遍反向上步，不再转向。

三 五 花

此节只有军鼓、镲点，不打腰鼓，起始时三个小数点预备动作。

大军鼓：咚咚咚 0 :‖: 咚咚咚　咚咚咚 :‖ 咚 0 :‖: 咚咚咚 0 :‖ 咚 0 ‖

镲　点：嚓嚓嚓 0 :‖: 嚓嚓嚓　嚓嚓嚓 :‖ 嚓 0 :‖: 嚓嚓嚓 0 :‖ 嚓 0 ‖

重复6遍

动　作：两人对脸，先出左步向左走一个弧形；再反转回来走一个弧形回到原位，然后出左步走一个圆圈回返原地。第四、六步转；几次小节动作完成时都是点步；到来回动作的拉手转圈换、回位时，是两个斜形；两遍小数点整理动作。

第三段　路十条

方块队　正反圆　内外圆　十字叉　四小圆
三层花　两支队　三出发　三角洲　走四方

方 块 队

鼓　谱：咚吧 咚吧 | 咚咚吧　咚吧 | 咚咚吧　咚吧 | 咚 0 ‖

大军鼓：咚 咚 | 咚咚咚 0 | 咚咚咚　0 | 咚 0 ‖

镲　点：嚓 嚓｜嚓嚓嚓 0｜嚓嚓嚓 0｜咚 0‖
（第一、二个"嚓嚓嚓"上方标有 3）

动　作：路鼓纵队向前行进；第一个小数点左脚垫右脚起；第二个小数点反向180度，垫步照旧；第三个小数点原地踏步打；第三遍左转向前，垫步依旧；第四个小数点如前。本节打完后，打三个小数点变为大圆。

注　意：横队队列。

正 反 圆

打花转身四遍如第一段，所有动作如前。完后打三个小数点变为内外圆（两个圆）从右一队排头起，每个两人向里圈出一人。三个小数点的分解动作是：第一个小数点向里进人到位；第二个小数点转向脸朝外，第三个小数点，做下一个花样的准备。

内 外 圆

打法如第一段里的16步。打完两遍后变队，为下节做准备：先打三个小数点变为纵四队；再打三个小数点变为十字叉。

注　意：皆为第二个小数点转向。

十 字 叉

先鼓面朝外打《三连贯》2遍；打三个"小数点"转向打《拉步子》。此两节花样打法如前，只是方向、队列的差异。然后，打三个"小数点"就近变《四小圆》。前两小圆在前排左、右方向，中间距离：容得下后排的两小圆；后排中间的两小圆，中间人相接是一个人的正常距离。

注　意：变为《四小圆》后，一是四小圆呈盆儿状前排宽，后排如同盆底似的相接；二是互相关照队列的前后左右整齐；三是左侧两小圆鼓朝外，右侧两小圆鼓朝里。

四 小 圆

鼓　谱：咚 咚吧　咚吧 ｜ 哗 哗：‖ 反复两次，反向两次。

大军鼓：$\overset{3}{\overline{咚咚咚}}$ 0｜ ×× ：‖ 反复两次，反向两次。

镲　点：$\overset{3}{\overline{嚓嚓嚓}}$ 0｜ ×× ：‖ 反复两次，反向两次。

动　作：第一遍鼓谱出左步，上左步到圆圈里，然后"哗哗"是向上方甩绸两次；第二遍打一个小数点转身180度向外，动作如前，只是上步、甩绸向外而已。此节做完之后，为下一节花样做准备，围成三层花：打第一遍小数点，右后方小圆上三人为花心，鼓朝外，右手举起，三人对在一起形成花蕊；打第二遍小数点，左后方小圆及右后方余员围成第二圈，鼓向里；打第三遍小数点，余员外圈（第三圈）围成，鼓向外。

三 层 花

鼓　谱、大军鼓、镲点如四小圆。

动　作：三圈打法皆不同：内圈高聚手按鼓点，小碎步行走。

中圈打鼓点，与内外圈反向行进，外圈只打小数点前五点，随之弯腰、上左步，向外下方甩出槌绸。反复四次后反向四次，此节花样完成。然后为下节做准备：打三遍小数点变四纵队；再打三遍小数点变两队。纵队前半截腰鼓朝外；后半截腰鼓朝里。

两 支 队

鼓　谱：咚吧 咚吧 ｜ 咚 咚吧　咚 吧 ｜ 咚 咚吧 咚吧 ｜ 咚 0 ‖
（一个路鼓后带一个小数点）

大军鼓：咚 咚｜咚咚咚 0｜咚咚咚 咚咚咚｜咚 0 ‖
（每组"咚咚咚"上方标有 3）

镲　点：嚓 嚓｜嚓嚓嚓 嚓｜嚓嚓嚓 嚓嚓嚓｜嚓 0 ‖
（每组"嚓嚓嚓"上方标有 3）

动　作：四个人在中部穿花，其他队员跟着边打边行进，四遍完成行进动作；之后，三遍"小数点"完成反向：第一遍原地打一遍；第二遍朝着腰鼓方向转180度；第三遍反向后原地打。然后，开始打下四遍，如前。打完之后，为下一节做准备：齐队，待八字中间的右排头回位后改为纵三队：排头领的是中间队，两边各有一支左右队。就近站，三个"小数点"完成变队。

三　出　发

鼓　谱：分三部分：

抽斗队：咚吧 咚吧｜咚 咚吧 咚 吧｜咚 咚吧 咚吧｜咚×‖
（一个路鼓后带一个小数点）

面片队：咚咚吧 咚吧｜咚 咚｜咚咚吧 咚吧｜咚 0 ‖（大军鼓、镲点为一遍路鼓后带一遍小数点）

造型队：只有大军鼓、镲点，队员摆好动作即可。

动　作：抽斗队 ① 中间队，反向180度，面朝后。② 后抽斗队，一遍鼓点后，中间队凹进2人。之后打三个小数点如前反向。③ 后抽斗队，亦是一遍鼓点完成。之后，又打三个"小数点"如前反向。④ 又齐队，最后一遍鼓点三队站齐。

面片队：① 先向左前方、起左步行进到鼓点"咚咚"时，跺左脚两次。

② 然后队列再向右后方运行。起右步，跺右脚。

③ 如前队列向右后方运行。起右步，跺右脚。

④ 队列最后向左前方运行，跺左脚。

造型队：① 待队列走完斜四方齐队后，鼓点依旧一遍，起左或右脚原地踏步左右脚。"咚咚"两点分别各跺左右脚一次。

② 然后，从前到后依次蹲高，到鼓点最后一个"咚"时，全队右手向右前方高举，大声口呼："嗨！"之后，再有三个"小数点"保持造型，第四个"小数点"体型恢复正常。加上前一节花样鼓点自身所带的一个"小数点"，前后共有

五个"小数点"。

说　明：① 此节为此路腰鼓的一个亮点。队列要求高，队员要时刻注意。

② 面片队运行中形如面片：向哪个方向，运行的那位排头，在最为突出处，另三队依次渐后。

③ 面片队型打完时齐队，为造型队做准备。造型队从前到后渐高，成队形后，右手握双锤，指向左上方，造型定势；大军鼓、镲合奏三个"小数点"，收势。"小数点"过渡，为下节做准备。

④ 打好每一种队形，完美每一个动作，才能保证打好此节。此节花样完成之后，再打三个"小数点"，变为下一节的《三角洲》队形。《三角洲》的队形是杨辉三角定理队形，即第几排就站几个人，队形呈三角状态，除第一排外，其余队员均照空站，成斜队；最后一排，根据情况站，原则是尽边不尽中间。

三　角　洲

鼓谱、大军鼓、镲点、动作都与本段首节《方块队》相同。恕不赘述。
动　作：
① 三遍路鼓，变为杨辉三角队形，即：第几行就几个人，照空行站；
② 保持三角队形，先向左横行方块队鼓谱三遍；
③ 在向右横行方块队鼓谱三遍，一遍动作完成。
④ 三个"小数点"整理，之后三个路鼓，变成空心矩形，为下节花样做准备。

走　四　方

鼓谱、大军鼓、镲点：均为路鼓后带"小数点"。
动　作：此节功夫在于磨桌面。
① 保持正方矩形，行进四遍，每节"小数点"整理，四顾个人所站位置，四遍鼓点后，磨至每个直角在原直线的中点位置。
② 行进四遍后，三个"小数点"转向，行进。每个方向都是四遍。本节动

作完成后，打三个"小数点"变为四纵方块队。

③ 第三段结束后，可打第一段的《再见》下场。

第四段　欢乐踏

一字长蛇　二龙出水　三生有幸　四面出击　五谷丰登
六六大顺　七夕鹊桥　八面玲珑　九天揽月　十全十美

总述：① 本段鼓点全部是踢踏步，即，咚：如前打法，正鼓面右手敲击，但要短点，打得果断、干脆；吧：如前打法，左手敲击正鼓面，亦要短点、果断、干脆；嘎：左手敲击前鼓边；咔：左、右手敲击左鼓边；呱：敲击鼓腰。

② 三、四段中间的过度与衔接：三遍路鼓变为两横队。即前两遍路鼓，前两队向前行进，后两队180度反向向后行进，展开成前后错落的两队；第三遍路鼓，两队都向中间合，变成平行两纵队。然后，打三个"小数点"很快变为一纵队。变队才算由四及二再到一地完成，为下节做好了准备。

③ 本节大军鼓、镲点大部分为副点。副点打法如下边第一节，以下各节不再提示。

④ 脚点：咚为实脚，即平脚落地，是主点；其他为副点：脚掌、脚后跟、或脚侧边，按鼓点节奏落地。

一字长蛇

鼓　谱：咚 嘎嘎　咚 嘎嘎 ｜ 咚嘎 咚嘎 :‖

大军鼓、镲点：均按副点打。即：大军鼓反过来槌，按腰鼓点击上鼓边；镲按鼓点轻错边打。

动　作：第一遍鼓点：长蛇蜿蜒爬行。

① 脚步：如"总述"④：起左步，右脚掌斜向前连着递步；再起右脚，左脚掌斜向前连着递步。如此循环往复，直至一遍花样完成。

② 鼓点：咚为正点，副点左手敲击前鼓边。

③ 队列：前两节：先隔人分别向左右错开，按奇、偶数人分别左、右，成

两队；三、四小节：大步折回到中间，变为一队。

第二遍鼓点：长蛇盘为圆圈面向前。

即排头为蛇头，在最里圈，右手高举，按节奏上下动作；其他队员依次圈圆，直至尾队。

第三遍鼓点：展开还原一列纵队。

第四遍鼓点：变两纵队。一节动作完成后，为下节花样做准备：打三个"小数点"，变为前侧纵两队。

说明：侧二队即宽二纵队。

二龙出水

鼓　谱：咚 咚 ｜ 咔咔咔 咚咔 ‖: 咚 咔咔 0 :‖ 三、四小节再多反复一次。小数点变侧二纵队时，各向左、右拓宽两步。

大军鼓、镲点：以下主、副点略去叙述，小数点、路鼓转节、变队，按正常打法。

动　作：从侧二纵队尾向外转圈至前方，在两队中间穿过完后，仍保持原队形、面向。此节动作完成后，打三个"小数点"，变为侧方向后中间一队，前侧方向各一队的下节花样队形。

三生有幸

鼓　谱：咚咚 咔咔 ｜ 咚 咔咔 :‖ 内、外方向各反复两遍。

大军鼓、镲：以下节次均为只打中间"小数点"过渡。

动　作：后横队从中间分开，分别随左、右队先向外侧横行两遍；再两遍返回。中间队恢复一横列。此节花样完成之后，为下节做准备：打三个"小数点"，将原来的横三列变为菱形队。

四面出击

鼓　谱：咚嘎 咚嘎｜咚咚 嘎 :‖ 反复4遍。
动　作：分别向前、后、左、右方向行进一次，最后回到出发点。
注　意：保持原菱形不变。
此节花样完成后，打三个"小数点"，变为五星"☆"队形，为下节做好准备。

五谷丰登

鼓　谱：咚 呱｜咚 呱呱 :‖ 反复4遍。
动　作：跟着前边，保持五星队形走四遍，然后反向四遍。
此节动作完成后，变六边形队为下一节做好准备。

六六大顺

鼓　谱：咚咔 咚咔｜咚 咚 :‖ 反复4遍。
动　作：走放射、收缩状各两次。此节花样完成后，变空心横拱桥状，为下节花样做准备。

七夕鹊桥

鼓　谱：咚 咚｜咔咔咔 0 :‖ 反复4遍。
动　作：拱形朝前。前两遍向前；后两遍无"小数点"面仍向前，后退至原出发点。
注　意：保持原队形不变。
此节花样完成之后，变横"8"为下一节做好准备。

八面玲珑

鼓　谱：咚咚 咔咔 ｜ 咚咚 咔 ｜ 咔咔 咚咚 ｜ 咔咚咔 :‖
动　作：保持原队形，逐渐敲鼓、踏步转一周。此节花样完成之后，变"九"字，为下一节做准备。

九天揽月

鼓　谱：咚咚咚 咔咔咔 :‖ 咚 咚咚 咔 咔咔 ‖ 反复四遍。
动　作：① 左手敲击鼓点时，右手举起做摘星、回收状。
　　　　② 摘星向前，收放退后。
　　　　③ 一遍鼓点摘、收一次。
此节花样完成后，变横长、竖短空心"十"字，为下一节做准备。

十全十美

鼓　谱：如第一节。反复两次：前一次左、右，后一次前、后。此节花样打完后，第四段结束。打三个"小数点"先变四纵，再左转变横队，为下一段做准备。如要停打，路鼓下场。

第五段　综合打

跑跳上　四大步　漫鼓腰　大甩手　大对鼓
踢二起　双划船　翁妪乐　找回圆　大满贯

跑 跳 上

鼓　谱：大军鼓、镲点、腰鼓，均为路鼓节奏。
动　作：打三个"小数点"后，路鼓跑跳步上场，一般为四遍。不过，要视场地的远近而定。

四 大 步

鼓　谱：咚 咚吧　咚吧｜咚 咚｜咚 咚吧　咚吧｜咚 0 ‖

大军鼓：咚 咚｜咚 咚｜咚 咚｜咚咚咚 0 ‖

镲　点：嚓嚓嚓 0｜嚓嚓嚓 0｜嚓嚓嚓 0｜嚓 0 ‖

动　作：① 前一小节起左步、跟右步。② 二、三小节向前跨跳四大步。③ 四、五小节右侧身，呈左臂和腰鼓朝前姿势。④ 最后一小节，双臂上抬至头顶，左右舞动一次，协调晃胯。第二遍照旧。此节花样完成后，打三遍"小数点"过渡到下一节。

漫 鼓 腰

鼓　谱：咚 咚吧　咚吧｜咚吧 咚吧 ‖: 咚 咚吧　咚吧 :‖

咚 咚吧　咚吧｜咚 咚吧　咚吧｜咚 0 ‖反复部分3遍。

大军鼓：咚咚咚 0 ‖: 咚咚咚 0 :‖ 咚咚咚 咚 ‖ 反复部分3遍。

镲　点：嚓嚓嚓 0 ‖: 嚓嚓嚓 0 :‖ 嚓嚓嚓 嚓 ‖ 反复部分3遍。

动　作：① 前三小节打法如《花转身》前半部分：漫鼓打。② 4、5、6小节漫腰打，到第六小节漫腰打；脚步：左脚掌定点转一周，右脚旋转时点五次点地加力，最后快速落在左脚上。③ 如此打两遍，此节花样完成。然后，打三个"小数点"过渡到下一节。

大 甩 手

鼓　谱：咚 咚吧 咚吧 ‖: 哗 哗 :‖ 咚 咚吧 咚吧 | 咔 0 ‖

大军鼓：咚咚咚 0 ‖: × × :‖ 咚咚咚 咚‖

镲　点：嚓嚓嚓 0 ‖: × × :‖ 嚓嚓嚓 嚓‖

动　作：①第一小节起左步、跟右步。② 二小节先起右手，再起左手，在身右侧接连由下至上舞动，向外侧画弧下落。③ 三小节扭过身来面向前，先右后左手接连向身体两侧舞动。④ "嘎嘎嘎"左手敲击鼓腰。⑤ "咔"在正面自己双槌相击。两遍花样完成之后，打三个"小数点"过渡到两两对面，准备下一节。

大 对 鼓

鼓　谱：咚咚吧 咚吧 | 咚吧 咚吧 | 咚咚吧 咚吧 | 咚 0 :‖

大军鼓：咚咚咚 咚 ‖: × × :‖ 咚咚咚 0 ‖

镲　点：嚓嚓嚓 嚓 ‖: × × :‖ 嚓嚓嚓 0 ‖

动　作：① 1、2小节原地踏步；② 3小节右队下蹲；③ 最后一小节内队者左脚轻蹬对方鼓腰；④ 弯腰互打对方的后鼓面路鼓一遍；⑤ 脚蹬腰鼓者变为右队；⑥ 三遍"小数点"，整理到身体恢复正常。

踢 二 起

鼓　谱：咚咚吧　咚吧｜咚咚｜咚咚吧　咚吧｜咚 0 ‖

大军鼓：咚咚咚　咚 ‖: × × :‖ 咚咚咚　0 ‖

镲　点：嚓 嚓｜嚓 0 ‖: × × :‖ 嚓嚓嚓　0 ‖

动　作：① 1、2 小节起左步、跟右步。② 3 步先左后右脚踢二起，在右踢腿之际，漫右腿下打；③ 后两节恢复正常左右步，打两遍此节花样完成。打三遍"小数点"变纵队、两两对面，为下一节做准备。

说　明：踢二起同陈氏太极拳老架中的踢二起动作。

双 划 船

鼓　谱：咚嘎　咚嘎｜咚嘎嘎　:‖ 反复两次。

大军鼓：咚 ×｜咚 × ‖: 咚 ××　:‖ 反复两次。

镲　点：嚓 ×｜嚓 ×｜嚓 ×｜嚓 0 ‖ 反复两次。

动　作：两人结组打：① 手：中间手拉着，愈向前手位愈高；② 脚：并起中间步，第四步上步顿脚后跟。回步：并回中间步，第四步点外脚尖。打两遍花样完成。之后打三个"小数点"过渡下一节，队形照旧。

翁 妪 乐

鼓　谱：节奏如上节，但不打腰鼓，根据大军鼓、镲点走步。

大军鼓、镲点如上节。

动　作：① 脚步如上节。② 姿势：老头、老婆动作。③ 顿、点步时内侧拉手，外侧打开。两遍动作完成后，三个"小数点"过渡到下节，仍是两两结对。

找 回 圆

鼓　　谱：咚吧 咚吧 ｜咚咚吧 咚吧 ｜咚咚吧 咚吧 ｜咚 0 :‖

大军鼓、镲点：一遍路鼓，后带一个小数点。

动　　作：仍如前节上步，第四步分别各向外侧定点转。前后转两圈，一节花样动作完成。之后，打三个"小数点"变纵四队；再打三个"小数点"变大圆，面向圆心。

大 满 贯

鼓　　谱：咚 咚吧　嘎 :‖: 嘎嘎 0 :‖

大军鼓：咚咚咚(3) 0 :‖: 咚咚咚(3) 0 :‖

镲　　点：嚓嚓嚓(3) 0 :‖: 嚓嚓嚓(3) 0 :‖

动　　作：① 第一遍鼓点：全员向圆心上步，双手举高在头顶时自击双鼓槌。② 第二遍鼓点后退，与①动作相同，但最后一小节左、右互击鼓槌敲击两下；③ 拉手、起左步跳向左，最后一个动作踢右脚；④ 反向，拉手、起右步向右跳，最后一个动作踢右脚。

结　　束：打三个"小数点"变纵四队，四遍路鼓下场。全段动作完成。

第六段　礼仪全

迎客人　接贵宾　贺嘉宾　接朋友　别朋友
辞客人　送贵宾　望再来　行进步　五步转

迎 客 人

鼓　谱：咚 咚 吧　咚 吧 | 嘎 嘎 :‖ 视情况可反复多次。

大军鼓：咚咚咚 0 | × × ‖: 咚咚咚 0 :‖ 视情况可反复多次。

镲　点：嚓嚓嚓 0 | × 0 ‖: 嚓嚓嚓 0 :‖ 视情况可反复多次。

动　作：① 前两节正常打。② 第三小节：双手在面前两击鼓槌。③ 视情况可反复多次。④ 打"小数点"开始、结束。

接 贵 宾

鼓谱、大军鼓、镲点皆与上节同。动作前边相同，只是最后改为双槌在头顶左右舞动一次。视情况反复。

贺 嘉 宾

鼓谱、大军鼓、镲点皆与上节同，只是动作最后是左右跳步，双槌在胸前上方左右舞动一次。视情况反复。

接 朋 友

鼓　谱：咚 咔咔 | 咔咔 咚 | 咔咔 咔咔 | 咚 咔咔 ‖ 视情况可反复多次。

大军鼓：每小节之前敲一个"咚"。

镲　点：每小节只拍前一个"嚓"。

动　作：如前《三连贯》敲击前鼓面，脚踏点即可。

说　　明：前四节花样皆为欢迎。可伴之呼号增加气氛。

别　朋　友

鼓　　谱：咚咚吧　咚吧｜咚吧　咚吧｜× ×｜呱呱　咚‖：咚吧　咚吧　｜咚　0：‖　大军鼓、镲点随之敲击。

动　　作：①第1小节打"小数点"少最后的"咚"。即3个"小数点"。②之后打路鼓，一般打两遍，这要根据距离表演场地的远近。③ 横列打法亦如纵列。④ 纵列变横列。先按纵列入场打。然后，军鼓、镲在打完路鼓后的第1个"小数点"后，第二个"小数点"转身向表演场地正面。打第3个"小数点"看好去处。④两遍路鼓即奔去处。打3个"小数点"后必须到位。腰鼓队员：横列打第2个"小数点"时转向场地正面。之后，开始打2遍路鼓。再打3个"小数点"后，开始打花样。⑤ 横列打花样后，前两个"小数点"退后，留出下节打花样的场地。⑥ 横列打时，最后的《再见》向后转，还回到面向观众或主席台的位置，然后再击"呱呱"。可以从中间分开下场。退出表演场地，主要靠在头上舞动4下及与之相同的跳步行进。其实，这就是第一段中的《再见》。因为离开前面较远，所以又赘述一遍。不过，《再见》属于灵活运用的花样。一般打完第一段时不走，等到离开时才打《再见》。

辞　客　人

鼓　　谱：咚咚吧　咚吧｜哗 哗：‖：咚咚吧　咚吧｜咚 0：‖视情况反复

大军鼓：咚咚咚 0｜咚咚咚 0‖：咚咚咚 0：‖

镲　　点：嚓 嚓 :‖：嚓嚓嚓 0：‖

动　　作：① 1、2小节起左脚跟右脚。② 3小节左转向。③ 4小节面朝后，手反复头顶舞动两个来回。④ 5小节右转回仍面朝前走。

说　　明：本节打多少遍，视情况而定。

送 贵 宾

鼓　　谱：咚 咚吧　咚吧｜咚吧　咚吧‖：嘎　嘎嘎　：‖

大军鼓：× ×｜咚咚咚　咚咚咚‖：咚咚咚　0 ：‖ 与腰鼓中间点错开。

镲　　点：嚓嚓嚓　嚓｜嚓嚓嚓　嚓‖：嚓　0 ：‖

动　　作：① 1小节正常打。② 2小节第1遍左、右手分别敲击鼓腰、鼓边3次；第2遍面向前敲击双槌3次；第3遍在头前方双槌敲击3次。③ 本节为跟送时用。

望 再 来

鼓　　谱：咚咔｜咔 咔咔　：‖ 咚　咚吧　咚吧｜哗　哗‖

大军鼓：咚 0｜咚 0｜咚 0｜咚 咚　：‖

镲　　点：嚓 0｜嚓 0｜嚓嚓嚓　嚓｜嚓 0 ：‖

动　　作：① 前2小节打法如《三连贯》循环两遍。② 3、4小节正常打。③ 5小节右手在上、左手在下，向辞别方前摆手，示意再见。

说　　明：本节打多少遍，仍视情况而定。

行进步打法有两种：

① "小数点"开打，然后四个路鼓、三个"小数点"循环打。

② 按一个路鼓，后带一个"小数点"跑跳步前进赶时间打。

行 进 步

此节为四个路鼓、三个"小数点"一循环节，根据距离反复，行进。

五 步 转

鼓　谱：咚 吧 吧　咚 吧 吧　:‖ 咚　咚 咚｜咚 0 ‖

大军鼓：咚 0｜咚 0｜咚咚咚 咚｜咚 0 :‖
　　　　　　　　　　　３

镲　点：嚓 0｜嚓 0｜嚓嚓嚓 0｜嚓 0 :‖
　　　　　　　　　　　３

动　作：① 本节的基础是：先变四队，再变四层实心圆。② 在每遍第一个反复时，先出左步三点；再回右侧后方。如此两个回合。③ 3、4小节转身，再转过来面朝外。④ 5小节造型：（亦有手法）中间的一位两手合握两槌高举，横队面向前方；内二圈3人双手握槌状，但只举半高；内三圈7人、四圈10人打鼓点，内三圈身体保持正常姿势，内四圈身体稍向前倾；外圈9人下蹲后打鼓点。一遍动作完成即可。鼓点定势打三个小数点；然后再打三个"小数点"变四队，再变两队，路鼓下场。

说　明：① 为增加欢快氛围，可加呼号："嗨嗨嗨！" ② 此节难度较大，造型前所未有，全体队员应通力协作，表演出精彩的高水平。

第七段　组合套路（一）

出场打路鼓，一般四遍，以到场地中间为宜（或就站在原场地打）。

叠　字"2014　O K"（或根据需要选择所叠内容）

叠好字后，主镲"嚓嚓嚓"，全队齐呼："新年好！"或是根据情况确定内容。然后再"嚓嚓嚓"， 接着打"小数点"的前半截，即"咚咚吧"3遍，再开打下列：以第三段的队形为主，插入一二段组合的花样，即：① 四方阵左右双冲锋各2遍；② 向前单冲锋2遍退回原位；③ 正反圆4遍花转身。如百人方块队时，变为4个同心圆：最里层的中间4人，内2层10人，内三层30人，最外圈是剩下的56人。打时从外圈起：最外圈和内2圈鼓面朝外，外2圈和最内圈鼓面朝里。

关　键：变队一定要3遍路鼓变成。

说　　明：内容可根据服务对象变队，如省运会会标等，一般按当时的要求来。

内外圆　向外放射状《十六步》2遍。

十字叉　鼓面朝外《三连贯》2遍；反向《拉步子》2遍。

四小圆　先是向中间高甩槌绸2下，反向手外高甩2下；都到中间时打2遍荡对鼓。

三层花　正反各4遍，打法如第38页。

两支队　前边打法照旧。前八步穿花4遍，面朝前甩手碰2遍。

三出发　打法如第39页。

三角洲　3遍变成杨辉三角队形，打2遍路鼓即可。

走四方　只走正方形，正反都打下蹲八，各2遍。

三点头　（如时间超过9分钟，本节可删掉。）

再见　下场。（如下不去，可加打3遍路鼓。）

第八段　套路组合（二）

主要用于展演、汇演、比赛等演出。

欢乐开场　大军鼓：咚咚　咚咚 ‖下接——

镲　　点：嚓0‖一遍完之后，再奏一遍，为腰鼓伴点。

腰　　鼓：咚咚　咚咚｜呱0：‖咚咚　咚咚｜呱呱｜呱呱｜咚咚咚呱‖"呱"的同时呼号"嗨！"

齐声问候："大家好！嘚！""嘚"的同时伸出右手食指、中指示意。然后，在胸前双鼓槌连击6下。紧接着左转向，再呼一声"嗨"，开打。紧接着打"小数点"3个开场。之后每换节，均由3个"小数点"过渡到下一节。

跑跳步　向前打1遍；中间1个"小数点"隔开时转向180度，再向后打1遍。

四大步　鼓谱提示：咚 咚吧　咚咚｜咚咚｜咚咚吧　咚吧｜咚 0‖
　　　　前后各打1遍。3个"小数点"过渡。

漫鼓腰　鼓谱提示：咚 咚吧　咚吧｜咚咚｜咚咚吧　咚吧｜咚 0｜
　　　　咚　咚吧　咚吧｜咚 0｜咚咚　0‖

踢二起　鼓谱提示：咚 咚吧　咚吧｜咚咚｜咚咚吧　咚吧｜咚 0‖

双划船 鼓谱提示：咚 嘎　咚 嘎 | 咚嘎嘎 : ‖反复2次。

找回圆 鼓谱提示：咚吧 咚吧 | 咚咚吧 咚吧 ‖: 咚 咚吧 咚吧 :‖

大满贯 鼓谱提示：咚咚吧 嘎嘎 :‖ 咚 嘎嘎 | 咚吧 咚 0 ‖

长蛇阵 鼓谱提示：咚 嘎嘎　咚 嘎嘎 | 咚嘎 咚嘎 ‖: 咚 嘎嘎 :‖

龙出水 鼓谱提示：咚 嘎嘎 | 咚 嘎嘎 | 咚嘎 咚嘎 | 咚嘎 嘎 ‖

下次见 鼓谱提示：咚 咔 | 咔咔咔 | 咚 咚吧　咚吧 ‖: 哗 哗 :‖

　　　　　　　　　　　咚咚吧　咚 吧 | 咚 0 | 嘎 0 :‖

第九段　套路组合（三）

横四队形，路鼓出场。

1. **四方阵** 2遍路鼓垫脚转向，四个方向。
2. **冲锋** 左右双冲锋2遍，前、后单冲锋2遍。
3. **正反圆** 3遍路鼓变圆，花转身4遍。
4. **内外圆** 3个"小数点"变成内外圆，向外十六步。
5. **四小圆** 前后呈梯形状，向内2遍，侧上方甩槌绸；打1个"小数点"转向左，再转向右，都向里转。
6. **三层花**
7. **两支队**
8. **三出发**
9. **走四方**
10. **再见**

说　明：花样打法照旧。

第十段　套路组合（四）

横四队开打

1. **四方阵**　左右《燕子飞》，后《双冲锋》，前《单冲锋》。之后打3个路鼓变大圆。
2. **花转身**　4遍。
3. **内外圆**　《十六步》放射状，3个路鼓变成下节队形。
4. **十字叉**　向右《拉步子》，向左《三连冠》。之后，打3个路鼓变成下节队形。
5. **四小圆**　梯形状之后打3个路鼓变成下节队形。
6. **三层花**　单队鼓面朝外，双队鼓面朝里。之后3个"小数点"变成下节队形。
7. **两支队**　各2遍路鼓四纵变二纵队；之后宽队直行；看穿花队够长时直行向中间穿花。鼓点：1个路鼓后加1个小数点；穿花队向变大宽队直行；3个路鼓再变横8字穿花队，前后4遍。等排头到中间时，向前打4个路鼓变三出发队形。
8. **三出发**　左前、右后，右前、左后面片队。鼓点：一个路鼓加一个"小数点"，跺脚"咚咚"。

十一段　组合套路（五）
（主要用于大型文艺汇演）

此节组合套路与上述四个组合套路皆不相同：

1. **开场**　先上大军鼓和镲；咚咚咚 嚓嚓‖，腰鼓开打3个"小数点"。之后3个路鼓是军鼓、镲、腰鼓合打。
2. **和鸣**　军鼓、镲上至演出场地中央靠后，路鼓分两边从后台侧上，交叉，形成十字叉队形；交叉好后，路鼓停止。然后拧直横队，打"四漫"。所谓"四漫",指的是漫头、漫鼓、漫腰和漫腿。

　　鼓　谱：咚咚吧 咚吧 ｜ 咚 咚 ｜ 咚 咚吧　咚吧 ｜ 咚 0 ‖

　3. **穿花**　前八步横穿花,打小数点后,路鼓跑跳步向左、右两边 4 遍。

　4. **展翅**　路鼓变"v"队形,尖朝中间后方。

　5. **飞翔**　抖动内边外二分之一(外翅膀)两次,每次 3 遍路鼓。

　6. **三角洲**　队形挤紧,造型,呼号"嗨",大军鼓镲奏路鼓后,全队双手高举,呼号。

　7. **走四方**　根据人数变走四方队形,左右走四方 4 遍。

　8. **再见**

十二段　组合套路(六)

主要用于大型体育运动会开幕式,约 10 分钟。

已用于河南省第十二届体育运动会暨全民健身大会开幕式。

省十二运会开幕式

　　开场　大战鼓开台。鼓点由张玉江老馆长定,入场也采纳张馆长意见。

　① **登台**　大战鼓点起,队员台步(碎步)从两侧"五五"穿插(左五队穿插到右五队)入场。

　② **和鸣**　跑到预定点之后,大军鼓主鼓、镲先后起短点：咚咚咚 ｜嚓 嚓 ｜ 咚 咚咚 ｜ 咚 0 ｜ 嚓 嚓嚓 ｜ 嚓 0 ｜ 嚓 0 ‖

　③ **欢庆**　即：咚 哗 ｜ 嘎 哗 ｜ 咚咚 嘎 ｜ 哗 哗 :‖ 一般重复 4 次,亦可根据情况变动。

正式开打

　　第一节　**四方阵**　前后《燕子飞》,左右《双冲锋》

　　第二节　**三层花**　①《十六步》②《花转身》③《甩手碰》④《秧歌步》

第三节　十字叉　先鼓朝外《拉步子》，后反向打《三连冠》。

第四节　菱形队　抽斗队《单冲锋》前后各2遍 （鼓镲在中间）。

　　　　面片队　照原打 咚咚吧 咚吧 ｜ 咚 咚‖（只打内外两个方向。）

　　　　　　　　然后打 咚咚吧 咚吧 ｜ 咚 0 ‖

　　　　造型队　鼓点同面片队，前后错落层次队形。

第五节　十纵队　① 2纵《穿花步》。② 10纵《三点头》下场 咚咚吧 咚吧 ｜ 哗 哗 :‖ 鼓镲迎宾队，腰鼓中间过，鼓镲后关门，全队人员下。

有 关 事 项

腰鼓是一项集体表演，需要做到如下：

一、团队精神　腰鼓由于是集体表演，所以团队精神特别重要。

① 全体队员要通力协作。队员要时刻注意队形、队列、间距。如果不齐，要及时调整。

② 当某位相邻队员未站到相应位置时，要及时轻声提醒或是示意。

③ 演出时队友动作出错，要及时提醒。

④ 加强纪律性很重要。特别是外出要有队员点名册，要分小组，责成组长负责召集队友。如果有事，要请假或是打招呼。因为，这路腰鼓主要是方块队，且变换队形也多，至少20人才能打得起来。

⑤ 这路腰鼓最能锻炼身体，经常习打可以强身健体。另外，花样较多，且一般两遍就过一节。因此，每次集训，最少要教一节花样。课耽误多了不好补齐。况且，缺课也会影响整体效果。

⑥ 打腰鼓时要精神饱满、注意力集中，动作干净利落，才能显示出活力十足的精神面貌。

二、服装　腰鼓队的整齐与精神面貌，除了敲打动作一致之外，重要的就是服装的统一。

①这路腰鼓属于民间文艺，要着民间文艺服装。因打腰鼓活动量大，所以，要选择结实、弹性较强的布料；还要注意色泽亮丽、花色别具一格，才能给人以深刻印象。

② 一定要服装统一，洗、换服装不要耽误了演出。如果服装不统一，就会显得杂乱，大大降低演出效果。

三、亲和力 演出时精神饱满、面带笑意，给人以亲切、热情、大方、愉悦之感，这就是亲和力。

①与观众的亲和力。这路腰鼓花样多，队员因注重换节面部紧张，好像打仗似的。如若这样，就会忽视了演出时的亲和力，大大降低演出效果。

② 队友之间的亲和力。全队除了要像上述要求注重自己团队的亲和力，队友之间还得笑脸相迎，才会配合默契，增强演出效果。

③亲和力要保持始终。即使是没有开始，或是演出结束，全体队员都应该和谐、亲切相处。这是集体队伍的基本素质与修养。

四、演出失误的及时弥补。这么庞大的阵容，演出时失误在所难免，问题是要及时弥补、减少损失。最为根本的办法是经常训练，因为熟能生巧。

①掉槌 是最常见的失误。克服的方法是：握紧鼓槌；演出前在手上束好皮筋；如果真的掉槌，镇定及时快速捡起。

②变队不到位 表现在动作迟缓，或是站错位置。遇到此种情况，首先是自身及时纠正；其次是队友及时善意轻声提醒；其三是不要显露异常表情，不要紧张失措，不要停滞，要尽快补救到位。

③花样打错 克服花样打错的最为有效办法是集中精力、不分心。如若打错，及时改正。切忌停打、互相埋怨，那样会更糟。

④上下场赶前落后 此种失误，主要是思想不集中所致。要把打腰鼓看成是一种重要活动，切莫因为自己的疏忽，扫了大家的兴。克服的办法是集中精力。如若没有准备停当、上场慌张，克服的最好办法是及早准备，早些候演。

五、其他

① 加强管理，健全组织。腰鼓队属于民间演出队伍，加强管理很是重要：一是组队之始，就应组建队委会，选出队长、队副，指明会计、保管，划分分片小组，选出组长。有事能够及时告知、通气。二是明确"队友公约"，加强纪律与管理，特别是队员的道德情操修养。三是定期召开队委会，商讨、决定队里、队员、演出等有关队务工作。队内公用物品，如队旗、大军鼓、镲以及附带演出文娱节目之道具等，都要专人保管，以便随用随有。四是商业演出一定要账目公开，及时结算、分成，充分激励队员演出的积极性与演出质量。

② 不断提高腰鼓技艺：每次演出之前都要训练，以保证演出效果；演出之后要总结成败得失、注意事项、改进意见，以利再战。全队年初要有计划，年终

要有总结，才会奋斗目标明确，加强队伍建设，立于不败之地。

③ 经常倾听队友、观众意见，不断改进技艺与管理。

④ 队友要真诚相处、亲如姐妹，有事互相帮衬，团结亲如一家。如有意见，提在当面，切忌自由主义。

⑤ 加强、树立集体主义思想：队优我荣，以队为家。众人拾柴火焰高，齐心协力，使自己的队伍日益强盛，打出水平，打出风格，打出名声，使之久存于世，立于不败之地。

第六章　清代舞蹈腰鼓的大战鼓领打

欢乐开场鼓谱：

$$\underline{咚咚}\ 嘎\ :\|\!\|:\ \underline{\overset{3}{\overparen{咚咚咚}}}\ \underline{\overset{3}{\overparen{咚咚咚}}}\ |\ \underline{\overset{3}{\overparen{咚咚咚}}}\ \underline{\overset{3}{\overparen{咚咚咚}}}\ |\ 嘎\ 0\ :\|$$

$$\underline{\overset{3}{\overparen{咚咚咚}}}\ 咚\ |\ \underline{\overset{3}{\overparen{咚咚咚}}}\ \underline{\overset{3}{\overparen{咚咚咚}}}\ \|\!\|:\ \underline{\overset{3}{\overparen{咚咚咚}}}\ \underline{\overset{3}{\overparen{咚咚咚}}}\ :\|$$

$$\underline{\overset{3}{\overparen{咚咚咚}}}\ 嘎\ |\ 咚\ 0\ |\ 嘎\ 嘎\ \|$$

接下来是大军鼓、镲起点儿。腰鼓开打后，一般尾点儿后，大战鼓连击两下"咚咚"，或打完开场后大战鼓停打。

第七章 盘鼓、高跷、腰鼓三重奏

盘鼓、高跷与腰鼓三重奏，起源于乾隆年间，距今 200 多年历史。盘鼓原先是腰鼓的领打，后来为增添欢乐气氛，将盘鼓增加到了 20 面。到了民国时期，踩高跷最为拿手的张雷，就把腰鼓嫁接到了高跷之上，成了老百姓惊呼叫绝的民间艺术。之后，村人就传承了下来。

盘鼓、高跷、腰鼓、三重奏常识

腰鼓中的盘鼓，仍然为领打。但不同的是鼓谱基本与腰鼓合拍。

高跷腰鼓顾名思义就是踩在高跷上打腰鼓。高跷大约 30 厘米高。高跷腰鼓的鼓背在胸腹处（正前），目的是保持身体平衡。腰鼓队员间距要大，能够活动自如。

特别要提醒队员的是：

① 以男性年轻人为主，确保体力健壮、精神旺盛，胆大、心细者最好。

② 一定要选好坚固的高跷，束好带子，确保安全。

盘鼓、高跷、腰鼓、三重奏打法

盘鼓打法与一般盘鼓相同，但动作、鼓谱还要顾及到腰鼓。

先练习盘鼓鼓谱，熟练后再融入腰鼓中去。

吨吨吨　那个吨吨吨

吨吨吨　那个吨吨吨

哆吨吨吨　吨个吨个吨

哆吨吨吨　吨个吨个吨

哆吨吨吨　吨那个吨吨吨

哆吨吨吨　吨那个吨吨吨

哆吨吨吨　哆吨吨吨

哆吨吨吨　哆吨吨吨

咚咚咚　那个咚咚咚咣

咚咚咚　那个咚咚咚咣

咚咚咣那个咚咚咚咣那个咚咚咣咚咣咚咣咚个咚咚咣咚咣咚咣咚咚咣咚咚咚咣咚咚咚咚

高跷腰鼓打法简单，鼓谱不复杂，主要是队形变换：直行是最为基本的步伐；另有穿花、变圆、转圈儿、亮相等。但是，前提是先学会踩高跷。

高跷腰鼓主要是动作大。鼓背于前胸，双手在身体两侧、上下敲击鼓面。

盘鼓、高跷、腰鼓三重奏鼓谱

盘鼓、高跷、腰鼓三重奏：（以腰鼓鼓谱为例）

① 咚 吧 咚 ｜ 咚 咚 吧 咚 :‖ 主要是直行与穿花。

② 咚咚 吧　咚吧 ｜ 咚 吧 :‖ 主要是踢腿、跳脚、转身、摇头等。

第八章　太极腰鼓

陈家沟太极拳与北朱村舞蹈腰鼓的渊源

　　太极腰鼓是将温县陈家沟的陈氏式太极拳，嫁接到北朱村的舞蹈腰鼓中去。说来有一段渊源。民国十三年（1924年），北朱村舞蹈腰鼓第五代传人张明玉，还是北朱村红拳高手，偶尔机缘得遇陈家沟太极拳。

　　1924年，在开封举办了武术比赛盛事。当时年轻气盛的张明玉先生，领略了陈家沟太极拳"四两拨千斤、柔能克刚"的风采，打心里钦佩！见其动作舒展大方，就产生了将太极拳嫁接到本村舞蹈腰鼓中去的奇思妙想。于是趁休息时间，找到陈家沟武术团下榻处说明来意，双方一拍即合，随即确定了闭会后到陈家沟学习太极拳的时日。武术打擂结束后，张明玉前往陈家沟，拜师学习了太极拳。通过共同研习，数日后将陈氏式太极拳成功嫁接到了舞蹈腰鼓中去。回到北朱村后，先生又经过去粗取精、完善动作后，终于将这段经历和口述鼓谱一并记入鼓谱之中。1960年口述、示范传我。当时是国家三年困难时期，有病在身的先生挨饿传习，精神可贵！但惋惜的是，太极拳盲的我辜负了先生的一片苦心，至今没能传习，有违先生在天之灵。如今我已年逾古稀，前些年因打腰鼓扭伤，腿积液、化脓严重，置换了双膝关节，年轻时钟爱的太极拳也荒废了。但为完整传习太极腰鼓，多次求教申兴印、原中华老师，学习了陈氏二十六式太极拳。经过一段潜心钻研、嫁接之后，恢复了先生所传——一段56年漫长岁月的愧疚，终于得以释怀。愿先生含笑九泉，愿陈式太极拳在北朱村腰鼓中一展风采，愿陈家沟太极拳与北朱村舞蹈腰鼓友谊长存！

太极腰鼓的特征

1. 二者珠联璧合。嫁接到舞蹈腰鼓中的太极拳动作，主要是通过腰鼓动作中的"扫点儿"(扫点儿即为打腰鼓时舒展动作中顺便敲击鼓面)完成。

2.动作神形兼备。以舒展大方的太极动作为主,在打拳动作中打腰鼓。

3.可以用太极拳音乐导引。随着社会的进步,如今太极拳导引音乐不少,可以通过陈氏二十六式太极拳音乐播放,有利于完成标准动作。

4.合二为一。将陈氏二十六式太极拳嫁接到舞蹈腰鼓中去,有利于陈氏太极拳、舞蹈腰鼓的健康传承、发扬光大。

嫁接到北朱村舞蹈腰鼓中的二十四式太极拳　动作名称

1　起　　势
2　野马分鬃　　左野马分鬃　　右野马分鬃　　左野马分鬃
3　白鹤亮翅
4　搂膝拗步　　右搂膝拗步　　左搂膝拗步
5　手挥琵琶
6　倒卷肱　　左倒卷肱　　右倒卷肱　　左倒卷肱　　右倒卷肱
7　左揽雀尾
8　右揽雀尾
9　单　　鞭
10　云　　手　　云手一　　云手二　　云手三
11　单　　鞭
12　高　探　马
13　右　蹬　脚
14　双峰贯耳
15　转身左蹬脚
16　左下势独立
17　右下势独立
18　玉女穿梭　　左穿梭　　右穿梭
19　海　底　针
20　闪　通　背
21　转身搬拦捶
22　如封似闭

23 十字手
24 收　势

嫁接到北朱村舞蹈腰鼓中的陈氏五十六式太极拳 动作名称

陈氏五十六式太极拳动作缠绕，曲折连贯；腰为主宰，以身带臂；对称协调，圆满灵活；刚柔相济，节奏鲜明；呼吸随势，意气势合。动作舒展柔和，静中有动，柔中带刚，舒缓中孕育着爆发。

北朱村舞蹈腰鼓可嫁接其中的一式，或是几式的组合。

一式　　起势　1.并脚直立　2.开步站立

二式　　右金刚捣碓　1.转体掤捋　2.转身右捋　3.擦脚平推　4.虚步撩掌
　　　　　5.举拳提膝　6.震脚砸拳

三式　　揽扎衣　1.左转托掌　2.分掌划弧　3.擦脚合臂　4.马步立掌

四式　　右如封似闭　1.转体旋腕　2.下捋掤举　3.掤刁上托　4.虚步双按

五式　　左单鞭　1.转体推收　2.转身提勾　3.屈膝擦脚　4.马步立掌

六式　　搬拦捶　1.转体变拳　2.转体横击　3.画弧翻拳　4.转体横击

七式　　护心捶　1.转体栽拳　2.跃转抡击　3.马步合臂

八式　　白鹤亮翅　1.擦脚插掌　2.收脚分掌

九式　　斜行拗步　1.转体绕臂　2.踏脚擦步　3.左转提勾　4.提膝推按

十式　　提收　1.扣脚合手　2.收脚收手　3.提膝推按

十一式　前趟　1.擦步右捋　2.转身旋掌　3.马步分掌

十二式　右掩手肱捶　1.提膝刁收　2.擦脚合臂　3.转身旋臂　4.弓步发拳十三式

十三式　披身捶　1.转身撩拳　2.外旋举拳

十四式　背折靠

十五式　青龙出水　1.转提绕臂　2.转提旋臂　3.撩弹收拳　4.马步发拳

十六式　斩手　1.摆脚翻掌　2.震脚切掌

十七式　劈架子

十八式　翻花舞袖

十九式　左掩手肱捶　1.擦脚合臂　2.转身旋臂　3.弓步发拳

二十式　左如封似闭　1.下捋掤举　2.虚步刁托　3.擦脚翻掌　4.虚步双按

二十一式　右单鞭 1.转体推收　2.转身提勾　3.屈膝擦脚　4.马步立掌

二十二式　云手（向右）1.收脚旋掌 2.开步推掌 3.插步旋掌 4.开步旋掌
　　　　　　5.旋掌平摆 6.提膝横击

二十三式　云手（向左）1.踏脚旋掌 2.开步推掌 3.插步旋掌 4.开步旋掌

二十四式　高探马　1.转提旋掌 2.马步分掌 3.转身推掌

二十五式　右连珠炮　1.转身捋掤 2.撤步刁托 3.跟步前推 4.撤步刁托
　　　　　　5.跟步前推

二十六式　左连珠炮　1.撤步左捋 2.退步刁托 3.跟步前推 4.撤步刁托
　　　　　　5.跟步前推

二十七式　闪通背　　1.屈膝分掌 2.弓步穿掌 3.拧腰旋掌 4.转身推劈

二十八式　指裆捶　　1.转身旋掌 2.擦脚合臂 3.转身旋臂 4.弓步发拳

二十九式　白猿献果　1.转提左捋 2.转提掤臂 3.提膝出拳

三十式　　双推手　　1.落脚旋掌 2.虚步双推

三十一式　中盘　　　1.转身挫掌 2.翻转挫掌 3.翻转挫掌 4.转身穿掌
　　　　　　5.绕臂擦掌 6.马步提手

三十二式　前招

三十三式　后招

三十四式　右野马分鬃　1.转提绕臂 2.提膝绕臂 3.马步穿掌

三十五式　左野马分鬃　1.提膝旋掌 2.马步穿掌

三十六式　摆莲跌叉　　1.转身旋掌 2.转身捋按 3.收脚摆掌 4.独脚
　　　　　　5.震脚跌叉

三十七式　左右金鸡独立　1.提膝穿掌 2.落脚踏按 3.擦脚摆掌 4.收掌
　　　　　　5.提膝穿掌

三十八式　倒卷肱　　1.马步展臂 2.退步推掌 3.退步推掌

三十九式　退步压肘　1.转身旋掌 2.转体摆掌 3.退步横击

四十式　　擦脚　　　1.转身右捋 2.歇步叠臂 3.分脚拍掌

四十一式　蹬一根　　1.转身叠腕 2.撩拳揣脚

四十二式　海底翻花　1.屈膝旋臂 2.提膝翻臂

四十三式　击地捶　　1.落脚落拳 2.提脚举拳 3.弓步举拳

四十四式　翻身二起　1.翻转举拳 2.腾起拍脚

四十五式　双震脚　　1.落脚分展 2.屈蹲按掌 3.落踏按掌

四十六式　蹬脚

四十七式　玉女穿梭　1.落脚穿掌 2.腾插架推

四十八式　顺鸾肘　1.擦脚合臂　2.马步顶肘

四十九式　裹鞭炮　1.跳转绕臂　2.马步分击

五十式　　雀地龙

五十一式　上步七星　1.弓步穿拳　2.虚步架拳　3.旋腕外撑　4.变拳翻转

五十二式　退步跨虎　1.撤步分掌　2.丁步举掌

五十三式　转身摆莲　1.转身旋掌　2.提膝分掌　3.落脚摆　4.独立拍脚

五十四式　当头炮　1.落脚推掌　2.转身收拳　3.转体棚击

五十五式　左金刚捣碓　1.变掌平抟　2.虚步撩掌　3.震脚砸拳

五十六式　收势

嫁接到北朱村舞蹈腰鼓中的陈氏二十六式太极拳　动作名称

1　起　　势
2　金刚捣碓
3　懒扎衣
4　如封似闭
5　单　　鞭
6　白鹤亮翅
7　斜　　行
8　搂膝拗步
9　掩手肱拳
10　金刚捣碓
11　撇身捶
12　双推掌
13　肘底捶
14　倒卷肱
15　闪通背
16　掩手肱拳
17　如封似闭
18　单　　鞭
19　云　　手

20 雀地龙

21 上步七星

22 下步跨虎

23 摆莲脚

24 当头炮

25 金刚捣碓

26 收　势

陈式二十六式太极拳动作 要领 提示

1 起势：马步开立，两臂平举，屈膝按掌

2 金刚捣碓：左掤右捋，推掌提开步画圆、上步、挑掌，提膝冲拳，震脚、砸拳

3 懒扎衣：搅臂、画圆、合手铲步、移重心摆掌

4 如封似闭：掤、捋、挤、按，推掌

5 单鞭：向下画圆、勾手提膝、开步摆掌

6 白鹤亮翅：按掌、移重心画圆、上步、挑掌、移重心摆掌

7 斜行：画圆推掌、双推掌提左膝、开步下潜、立身摆掌

8 搂膝拗步：下捧、提收、提膝下捋、跨步推掌

9 掩手肱拳：合手开步、左移重心摆掌、右移重心掩手、蹬腿冲拳

10 金刚捣碓：屈臂上领、画圆合臂左移摆掌、画圆挑掌、提膝冲拳、震脚砸拳

11 撇身拳：开步托掌、移重心摆拳、开步上领、右下潜摆拳、拧腰、翻拳

12 双推掌：双掌右推、下捋、摆脚开步、点步、推掌

13 肘底拳：双手画圆、领手、冲拳

14 倒卷肱：撤左步推右掌、移重心开手、合手退右步、撤右步推左掌、移心、开手，合手、撤步捋

15 闪通背：摆臂按掌、上步、插掌、翻身震脚、开步合臂

16 掩手肱拳：左移摆掌、右移合手、蹬腿冲拳

17 如封似闭：合手下捋、移重心推掌

18 单鞭：下引、画圆、勾手提膝、开步摆掌

19 云手：插步画圆、开步画圆

20 雀地龙：仆步下穿、右移摆拳

21 上步七星：合手上步、顿步推掌、震脚按掌

22 下步跨虎：合手上步、退步下捋

23 双摆莲：点步摆掌、摆莲拍脚

24 当头炮：撤步掤、引拳、捋、双拳横抖

25 金刚捣碓：回捋、上步、挑掌、提膝冲拳、震脚砸拳

26 收势：画立圆按掌、并步站立

后 记

在焦作市中站区文化体育广播新闻出版局的支持、重视下，在舞蹈腰鼓广大队友的热望中，《打着腰鼓扭起来——北朱村舞蹈腰鼓》终于破茧而出，得以出版面世！此为北朱村舞蹈腰鼓史上的大喜事，也是260多年来六代舞蹈腰鼓传承人的心血结晶！特别要感谢的是第五代传承人张明玉先生，于1960年那忍饥挨饿的年代中，患病还钟情着北朱村舞蹈腰鼓，不仅言传身带教我，还奉献出了珍藏多年的手抄话谱。如果没有先生传授的鼓谱，是很难成就此书的。值此，我由衷地感谢这位先贤！先生若是获悉此书出版的消息，定会含笑九泉的！

近些年来，文化强国东风劲吹，中站区文化强区战略正在实施，北朱村舞蹈腰鼓充满自信地从中受益，发展壮大到了辉煌的顶峰。如今的北朱村舞蹈腰鼓，在焦作市的城乡、社区、学校和公园随处可见，仅中站地区就有逾千人在打舞蹈腰鼓。每当夜幕临空，北朱村和王、李、冯封村及云台、和美小区等多处，都会响起动人心弦、欢快和谐的鼓点，从中洋溢着当今人民对幸福美满生活的惬意！许多队员出于锻炼身体目的开始打舞蹈腰鼓后，不仅身体强于以前，还健美了体形，增添了友谊，提高了舞蹈水平，所以，习练舞蹈腰鼓者才会日众。

中站区文化体育广播新闻出版局，为出版此书做了大量的前期工作。该局原局长郭凌就很喜欢这路腰鼓，并学会了领打的大军鼓、大镲和腰鼓。

值得欣慰的是，此书编审张弦生先生严格把关，使得收录此书中的鼓谱较以前规范工整了许多。先生流传下来的鼓谱是话谱记载，此书攻克了记谱难关的三连音、16分音符等，使得话谱变为字谱。并且，还设专章收录整理了流传下来的"盘鼓、高跷、腰鼓三重奏"和"太极腰鼓"，使得舞蹈腰鼓的传承趋于完善。

还需要说明的是，收入此书的鼓谱，是依据第六代传承人的原谱。为了原滋原味地传承，基本上是原样照录了下来，只是做了少量修改、整理而已。还有些未尽事宜，留待日后深入研究，进一步完善。

为确保动作、花样无误，第七、第八代传承人张三清、王喜英，还特意对

书中各段、各节的花样动作，进行了仔细勘校。

值此机会，特向为此书付出辛劳、做出贡献的舞蹈腰鼓先贤、广大同仁及有关人士，特别是责任校对仲谦先生，已是耄耋之年且视力不济，拿着放大镜为此书校对把关，值此一并诚挚感谢！

作为传承了半个多世纪舞蹈腰鼓的我，打了一辈子的腰鼓，培养腰鼓队员无数，仅是教练、辅导员就有 30 多名；加之对鼓谱的整理十载有余，照常理说此书是应该写好的。但因水平有限和年事已高，书中舛误、不当之处难免，诚望同仁不吝赐教。谢谢！

张咸贞

2015 年冬